아이가 주인공인 책

아이는 스스로 생각하고 매일 성장합니다.
부모가 아이를 존중하고 그 가능성을 믿을 때
새로운 문제들을 스스로 해결해 나갈 수 있습니다.

〈기적의 학습서〉는 아이가 주인공인 책입니다.
탄탄한 실력을 만드는 체계적인 학습법으로
아이의 공부 자신감을 높여 줍니다.

아이의 가능성과 꿈을 응원해 주세요.
아이가 주인공인 분위기를 만들어 주고,
작은 노력과 땀방울에 큰 박수를 보내 주세요.
〈기적의 학습서〉가 자녀 교육에 힘이 되겠습니다.

조심조심 착은히 통ㄱ
해야된다.

숙제가 하기 싫었는데 애미소리덕에
한ㅂ...기운이좋아졌다

미래의 내 모습 그리고 설명하기

나는 식당을 열어
서 고아원 아이들을
그리고
도와 줄겁니다.
아이들이되어 웃게 해줄겁니다
성우도되어 어린이들 웃게 할겁니다

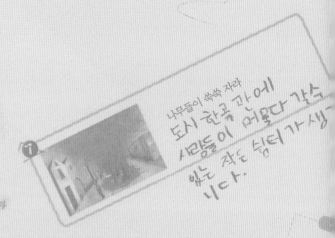

나무들이 쏙쏙 자라
도시 한곳 간에
사람들이 머물다 갈수
있는 작은 쉼터가 생
니다.

빠를 태

다섯친구들은 아주 용감하
다. ☺ 다섯친구들 ◎ ※ ☺
☆☆너무 좋다.

어이없이 소원을빌어
이제 나무를 잘 패세요.

그 다섯명이
쎌줄도 모르고
덤벼서 너무 아
프고 억울해
또 만나면
내줄거야 혼
호랑이

언제	새벽5시에
어디에서	집에서
누구와	나와
무슨일	더워서새벽5시에일어났으니...

[기적의 독서 논술] 샘플을 먼저 경험한 전국의 주인공들

강민준	공현욱	구민서	구본준	권다은	권민재	김가은	김규리	김도연	김서현	김성훈
김윤아	김은서	김정원	김태완	김현우	남혜인	노윤아	노혜욱	류수영	박선율	박세은
박은서	박재현	박주안	박채운	박채환	박현우	배건웅	서아영	손승우	신예나	심민규
심준우	양서정	오수빈	온하늘	원현정	유혜수	윤서연	윤호찬	이 솔	이준기	이준혁
이하연	이효정	장보경	전예찬	전헌재	정윤서	정지우	조연서	조영민	조은상	주하림
지예인	진하윤	천태희	최예린	최정연	추예은	허준석	홍주원	홍주혁		

"
고맙습니다.
우리 친구들 덕분에 이 책을 잘 만들 수 있었습니다.
"

안녕? 난 **뚱**이라고 해. 2019살이야.

디자이너 비따쌤이 만들었는데, 길벗쌤이 날 딱 보더니 엉뚱한 생각을 많이 할 것 같다고

'뚱'이란 이름을 지어 줬어. (뚱뚱해서 지은 거 아니야! 화났뚱) 나는 이 책에 가끔 나와.

새싹뚱, 글자뚱, 읽는뚱, 쓰는뚱, 생각뚱, 탐구뚱, 박사뚱, 말뚱, 놀뚱, 쉴뚱! (💩**뚱** 아니야! 잘 봐~)

너희들 읽기도 쓰기도 하는 둥 마는 둥 할까 봐 내가 아주 걱정이 많아. 그래서 살짝뚱 도와줄 거야.

같이 해 보자고!! 뚱뚱~~

초등 문해력, **쓰기**로 완성한다!

기 적 의
독서 논술

길벗스쿨

기 적 의 독서 논술 ⑪권 초등6학년

초판 1쇄 발행 2020년 2월 2일
개정 1쇄 발행 2024년 4월 11일

지은이 기적학습연구소
발행인 이종원
발행처 길벗스쿨
출판사 등록일 2006년 6월 16일
주소 서울시 마포구 월드컵로 10길 56(서교동 467-9)
대표 전화 02)332-0931 | **팩스** 02)323-0586
홈페이지 www.gilbutschool.co.kr | **이메일** gilbut@gilbut.co.kr

기획 신경아(skalion@gilbut.co.kr) | **책임 편집** 박은숙, 유명희, 이은정
제작 이준호, 손일순, 이진혁 | **영업마케팅** 문세연, 박선경, 박다슬 | **웹마케팅** 박달님, 이재윤, 나혜연
영업관리 김명자, 정경화 | **독자지원** 윤정아

디자인 디자인비따 | **전산편집** 디그린, 린 기획
편집 진행 이은정 | **교정 교열** 백영주
표지 일러스트 이승정 | **본문 일러스트** 이주연, 루인, 조수희, 백정석, 김지아
CTP출력 및 인쇄 교보피앤비 | **제본** 경문제책

ISBN 979-11-6406-689-6 64710
(길벗스쿨 도서번호 10949)
정가 13,000원

독자의 1초를 아껴주는 정성 길벗출판사

길벗스쿨 | 국어학습서, 수학학습서, 유아학습서, 어학학습서, 어린이교양서, 교과서
길벗 | IT실용서, IT/일반 수험서, IT전문서, 경제실용서, 취미실용서, 건강실용서, 자녀교육서
더퀘스트 | 인문교양서, 비즈니스서
길벗이지톡 | 어학단행본, 어학수험서

'읽다'라는 동사에는 명령형이 먹혀들지 않는다.

이를테면 '사랑하다'라든가 '꿈꾸다' 같은 동사처럼,

'읽다'는 명령형으로 쓰면 거부 반응을 일으키는 것이다. 물론 줄기차게 시도해 볼 수는 있다.

"사랑해라!", "꿈을 가져라."라든가, "책 좀 읽어라, 제발!", "너, 이 자식, 책 읽으라고 했잖아!"라고.

효과는? 전혀 없다.

– 『다니엘 페나크, 〈소설처럼〉 중에서 』

이 책을 기획하면서 읽었던 많은 독서 교육 관련 책 중에 가장 기억에 남는 구절이었습니다. 볼거리와 놀거리가 차고 넘치는 세상에서 아이들에게 그럼에도 불구하고 '독서가 답이야.'라고 말해 주고 싶어서 이 책을 기획했습니다. 그래서 어떻게 하면 '독서(읽다)와 논술(쓰다)'이라는 말이 명령형처럼 들리지 않을까 고민했습니다. '혼자서도 할 수 있어.'에서 '같이 해 보자.'로 방법을 바꿔 제안합니다.

독서도 연산처럼 훈련이 필요한 학습입니다. 글자를 뗀 이후부터 혼자서 책을 척척 찾아 읽고, 독서 감상문도 줄줄 잘 쓰는 친구가 있을까요? 처음에는 쉽지 않습니다. 초보 독서에서 벗어나 능숙한 독서가로 성장하기 위해서는 무릎 학교 선생님(부모님)의 도움이 필요합니다. 가랑비에 옷 젖듯, 매일 조금씩 천천히 함께 책 읽는 시간을 가져 보세요. 그리고 읽은 것에 대해 이런저런 대화를 나누어 보세요. 함께 책을 읽는 연습이 되어야 생각하는 힘이 생기고, 자기 생각을 표현하는 방법도 깨우치게 됩니다.

아이가 잘 읽고 있다고 생각할 수 있지만, 내용을 금방 파악하기 어려울 수 있습니다. 이럴 때 부모님께서 함께 글의 내용을 떠올려 봐 주시고, 생각의 물꼬를 터 주신다면 아이들은 쉽게 글 속으로 빠져들게 될 것입니다.

생각을 표현하는 것 또한 녹록지 않을 수 있습니다. 처음부터 완벽한 문장으로 쓰기를 기대하지 마세요. 읽는 것만큼 쓰는 것도 자주 해 봐야 늡니다. 쓰기를 특히 어려워한다면 말로 표현해 보라고 먼저 권유해 주세요. 한 주에 한 편씩 읽고 쓰고 대화하는 동안에 공감 능력과 이해력이 생기고, 생각하고 표현하는 능력이 향상될 것입니다.

초등 공부는 읽기로 시작해서 쓰기로 완성됩니다. 지금 이 책이 그 효과적인 독서 교육 방법을 제안합니다. 이 책을 선택하신 무릎 학교 선생님, 우리 아이에게 딱 맞는 독서 교육가가 되어 주십시오. 아이와 함께 할 때 효과는 배가 될 것입니다.

2020. 2

기적학습연구소 일동

〈기적의 독서 논술〉은 매주 한 편씩 깊이 있게 글을 읽고 생각을 쓰면서 사고력을 키우는 초등 학년별 독서 논술 프로그램입니다.

눈에만 담는 독서에서 벗어나, 읽고 떠오르는 생각과 감정을 밖으로 표현해 보세요. 매주 새로운 글을 통해 생각 훈련을 하다 보면, 어휘력과 독해력은 물론 표현력까지 기를 수 있습니다. 예비 초등을 시작으로 학년별 2권씩, 총 14권으로 구성되어 있습니다.

* 초등 고학년(5~6학년)을 대상으로 한 〈기적의 역사 논술〉도 함께 출시되어 있습니다. 〈기적의 역사 논술〉은 매주 한 편씩 한국사 스토리를 통해 역사적 맥락을 이해하고, 그 의미를 파악하며 생각을 써 보는 통합 사고력 프로그램입니다.

1 학년(연령)별 구성

학년별 2권 구성

한 학기에 한 권씩 독서 논술을 테마로 학습 계획을 짜 보는 것은 어떨까요?

독서 프로그램 차등 설계

읽기 역량을 고려하여 본문의 구성도 차등 적용하였습니다.

예비 초등과 초등 1학년은 짧은 글을 중심으로 장면별로 끊어 읽는 독서법을 채택하였습니다. 초등 2~4학년은 한 편의 글을 앞뒤로 나누어 읽도록 하였고, 초등 5~6학년은 한 편의 글을 끊지 않고 쭉 이어서 읽도록 하였습니다. 글을 읽은 뒤에는 글의 내용을 확인 정리하면서 생각을 펼칠 수 있도록 설계하였습니다.

▶ **선택 팁** 단계별(학년별)로 읽기 분량이나 서술·논술형 문제에 난이도 차가 있습니다. 아이 학년에 맞게 책을 선택하시되 첫 주의 내용을 보시고 너무 어렵겠다 싶으시면 전 단계를, 이 정도면 수월하겠다 싶으시면 다음 권을 선택하셔서 학습하시길 추천드립니다.

2 읽기 역량을 고려한 다채로운 읽기물 선정 (커리큘럼 소개)

권	주	읽기물	주제	장르	비고	특강
3	1	당신이 하는 일은 모두 옳아요	믿음	명작 동화	인문, 사회	부탁하는 글 편지
	2	바깥 활동 안전 수첩	안전 수칙	설명문	사회, 안전	
	3	이르기 대장 나최고	이해, 나쁜 습관	창작 동화	인문, 사회	
	4	우리 땅 곤충 관찰기	여름에 만나는 곤충	관찰 기록문	과학, 기술	
4	1	고제는 알고 있다	친구 이해	창작 동화	인문, 사회	책을 소개하는 글 관찰 기록문
	2	여성을 위한 변호사 이태영	위인, 남녀평등	전기문	사회, 문화	
	3	염색약이냐 연필깎이냐, 그것이 문제로다!	현명한 선택	경제 동화	사회, 경제	
	4	내 직업은 직업 발명가	직업 선택	지식 동화	사회, 기술	
5	1	지하 정원	성실함, 선행	창작 동화	사회, 철학	독서 감상문 제안하는 글
	2	내 친구가 사는 곳이 궁금해	대도시와 마을	지식 동화	사회, 지리	
	3	팥죽 호랑이와 일곱 녀석	배려와 공감	반전 동화	인문, 사회	
	4	수다쟁이 피피의 요란한 바다 여행	환경 보호, 미세 플라스틱 문제	지식 동화	과학, 환경	
6	1	여행	여행, 체험	동시	인문, 문화	설명문 시
	2	마녀의 빵	적절한 상황 판단	명작 동화	인문, 사회	
	3	숨바꼭질	자존감	창작 동화	사회, 문화	
	4	한반도의 동물을 구하라!	한반도의 멸종 동물들	설명문	과학, 환경	
7	1	작은 총알 하나	전쟁 반대, 평화	창작 동화	인문, 평화	기행문 논설문
	2	백제의 숨결, 무령왕릉	문화 유산 답사	기행문	역사, 문화	
	3	돌멩이 수프	공동체, 나눔	명작 동화	사회, 문화	
	4	우리 교실에 벼가 자라요	식물의 한살이	지식 동화	과학, 기술	
8	1	헬로! 두떡 마켓	북한 주민 정착	창작 동화	사회, 문화	기사문 연설문
	2	2005 스탠퍼드대학교 졸업식 연설문	끊임없는 도전 정신	연설문	과학, 기술	
	3	피부색으로 차별받지 않는 무지개 나라	편견과 차별	지식 동화	문화, 역사	
	4	양반전	위선과 무능 풍자	고전 소설	사회, 문화	
9	1	욕심꾸러기 거인	나눔과 베풂	명작 동화	인문, 사회	주제별 글쓰기
	2	구둣방 아저씨 외	작은 것에도 감사하는 마음	수필	사회, 기술	
	3	행복의 꽃	행복에 대한 고찰	소설	사회, 철학	
	4	세상에 이런 한자가	재미있는 한자	설명문	언어, 사회	
10	1	발명 이야기	라면과 밴드 반창고의 발명 과정	설명문	과학, 기술	주제별 글쓰기
	2	아버지의 생일 외	효심	수필	사회, 문화	
	3	임금님께 바치는 북학의	수레와 거름에 대한 생각	논설문	경제, 환경	
	4	어린이 찬미	어린이의 아름다움	수필	인문, 철학	
11	1	크리스마스 선물	진정한 사랑, 행복의 조건	소설	인문, 사회	주제별 글쓰기
	2	아는 것과 실천하는 것 외	정의, 희생, 인간 사랑	논설문	사회, 철학	
	3	사람을 대할 때 외	사람을 대하는 예절	논설문	사회, 문화	
	4	하늘에서 내려온 아이 외	생명 존중	수필	인문, 철학	
12	1	게으름 귀신을 보내는 글 외	게으름에 대한 고찰	고전 수필	철학, 문화	주제별 글쓰기
	2	모나리자	「모나리자」	설명문	예술, 과학	
	3	갓	갓에 대한 고찰	고전 수필	사회, 역사	
	4	동백꽃	산골 젊은 남녀의 순수한 사랑	소설	인문, 사회	

3 어휘력 + 독해력 + 표현력을 한번에 잡는 3단계 독서 프로그램

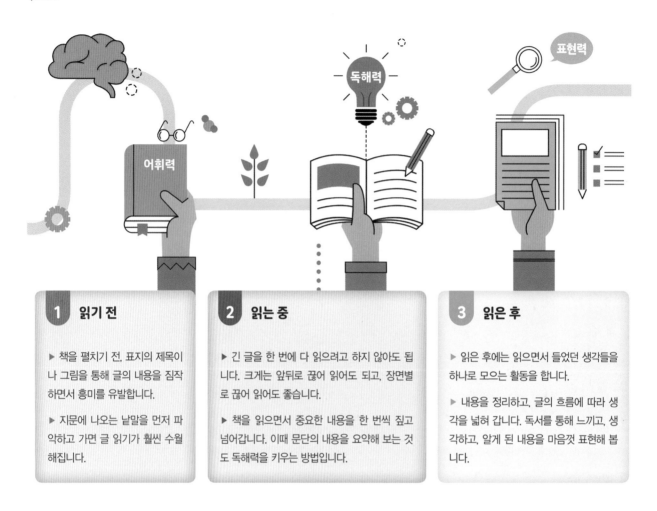

1 읽기 전

▶ 책을 펼치기 전, 표지의 제목이나 그림을 통해 글의 내용을 짐작하면서 흥미를 유발합니다.

▶ 지문에 나오는 낱말을 먼저 파악하고 가면 글 읽기가 훨씬 수월해집니다.

2 읽는 중

▶ 긴 글을 한 번에 다 읽으려고 하지 않아도 됩니다. 크게는 앞뒤로 끊어 읽어도 되고, 장면별로 끊어 읽어도 좋습니다.

▶ 책을 읽으면서 중요한 내용을 한 번씩 짚고 넘어갑니다. 이때 문단의 내용을 요약해 보는 것도 독해력을 키우는 방법입니다.

3 읽은 후

▶ 읽은 후에는 읽으면서 들었던 생각들을 하나로 모으는 활동을 합니다.

▶ 내용을 정리하고, 글의 흐름에 따라 생각을 넓혀 갑니다. 독서를 통해 느끼고, 생각하고, 알게 된 내용을 마음껏 표현해 봅니다.

예비 초등 ~1학년의 독서법

읽기 능력을 살리는 '장면별 끊어 읽기'

창작/전래/이솝 우화 등 짧지만 아이들의 감성을 자극하고 공감을 끌어낼 수 있는 이야기글을 수록하였습니다. 어린 연령일수록 읽기에 대한 거부감을 줄이고, 독서에 대한 재미를 더합니다.

2학년 이상의 독서법

사고력과 비판력을 키우는 '깊이 읽기'

동화뿐 아니라 시, 전기문, 기행문, 설명문, 연설문, 고전 등 다양한 갈래를 다루고 있습니다. 읽기 능력 신장을 위해 저학년에 비해 긴 글을 앞뒤로 나누어 읽거나 끊지 않고 한 번에 쭉 이어서 읽어 봅니다. 흥미로운 주제와 시공간을 넘나드는 폭넓은 소재로 아이들의 생각을 펼칠 수 있게 하였습니다.

4 사고력 확장을 위한 서술·논술형 문제 출제

공감적 사고   논리적 사고   균형적 사고   창의적 사고   비판적 사고

> **초등학생에게 논술은 '생각 쓰기 연습'에 해당합니다.**

교육 평가 과정이 객관식에서 주관식 평가로 점차 변화하고 있습니다. 학교에서는 지필고사를 대신한 수행평가가 수시로 이루어지고 있습니다. 정오답을 찾는 단선적인 객관식보다 사고력을 평가할 수 있는 주관식의 비율이 높아지고, 국어뿐 아니라 수학, 사회, 과학 등 서술형 평가가 확대되고 있습니다. 이런 평가를 대비하여 글을 읽고, 생각을 표현하는 방법을 다각도로 훈련할 수 있도록 구성하였습니다.

이 책에서 출제된 서술·논술형 문제 유형은 다음과 같습니다.

> "만약에 나라면 어떻게 했을지 쓰세요." 균형, 비판

> "왜 그런 행동(말)을 했을지 쓰세요." 공감, 논리

> "다음과 같은 상황에 처했을 때 주인공은 어떻게 했을지 쓰세요." 창의, 비판

> "등장인물에게 나는 어떤 말을 해 주고 싶은지 쓰세요." 공감, 균형

> "A와 B의 비슷한(다른) 점은 무엇인지 쓰세요." 논리, 비판

글을 읽을 때 생각이 자라지만, 생각한 바를 표현할 때에도 사고력은 더 확장됩니다. 꼼꼼하게 읽고, 중간중간 내용을 확인한 후에 전체적으로 읽은 내용을 정리해 봄으로써 생각을 다듬고 넓혀 갈 수 있습니다. 한 편의 글을 통해 주인공의 입장이 되어 보기도 하고, '나라면 어땠을까?'를 생각해 보는 연습이 논술에 해당합니다. 하나의 주제를 담고 있는 글을 읽고 내용의 옳고 그름을 판단하기도 하고, 글의 전체적인 맥락을 파악함으로써 논리적이고 비판적인 사고를 할 수 있습니다.

◀ **지도팁** 장문의 글을 써야 하는 논술 문제는 없지만, 자신의 생각을 마음껏 표현할 수 있게 유도해 주세요. 글로 바로 쓰는 게 어렵다면 말로 표현해 볼 수 있도록 지도해 주시기 바랍니다. 말로 표현한 것을 문장으로 다듬어 쓰다 보면, 생각한 것이 어느 정도 정리됩니다. 여러 번 연습한 후에 논리가 생기고, 표현력 또한 자라게 될 것입니다. 다소 엉뚱한 대답일지라도 나름의 논리와 생각의 과정이 건강하다면 칭찬을 아끼지 마십시오.

6학년을 위한 11권 / 12권

6학년이면 이제 글줄이 많은 글을 끊지 않고 읽을 수 있어야 합니다.
이야기책뿐만 아니라 다양한 정보를 제공하고 다양한 생각을
할 수 있게 하는 비문학 글을 많이 읽는 것이 좋습니다.

관심 있는 주제의 이야기를 읽은 후에는
관련 도서를 더 찾아보는 것을
추천합니다.

공부 계획 세우기

13쪽
권별 전체 학습 계획

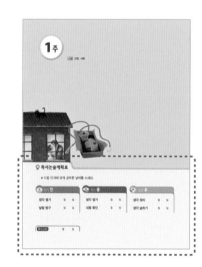

**주차 학습
시작 페이지**
주별 학습 확인

한 주에 한 편씩, 5일차 학습 설계

학습자의 읽기 역량에 따라 하루에 1~2일차를 이어서 할 수도 있고, 1일차씩 끊어서 학습할 수도 있습니다.
계획한 대로 학습이 이루어졌는지 자기 점검을 꼭 해 보세요.

🌸 학년별 특강 [주제별 글쓰기]

일상생활에서 한 번쯤 생각해 봐야 하는 주제나 철학적인 질문을 제시합니다.
주어진 주제와 관련된 몇 가지 자료를 읽어 보고, 중요한 내용을 요약·정리해 봅니다.
마지막으로 주제에 관한 나의 생각을 정하여 한 편의 글을 완성함으로써 논리력과 글쓰기 실력을 강화할 수 있습니다.

✏️ **지도팁** 쓰기에 취약한 친구들은 단계적으로 순서를 밟아 쓸 수 있도록 해 주세요.

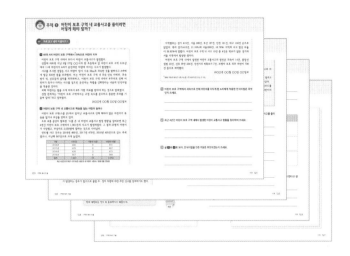

🌸 온라인 제공 [독서 노트]

길벗스쿨 홈페이지(www.gilbutschool.co.kr) 자료실에서 독서 노트를 내려받아 활용할 수 있습니다. 책을 읽고 느낀 점이나 인상 깊었던 점을 간략하게 쓰거나 그리고, 재미있었는지도 스스로 평가해 봅니다. 이 책에 제시된 글뿐만 아니라 추가로 읽은 책에 대한 독서 기록을 남길 수도 있습니다.

▶ **길벗스쿨 홈페이지**
독서 노트 내려받기

매일 조금씩 책 읽는 습관이
아이의 사고력을 키웁니다.

🌸 3단계 독서 프로그램

① 읽기 전

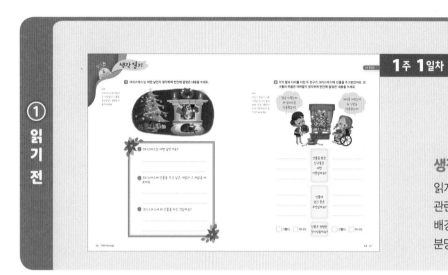

1주 1일차

생각 열기

읽게 될 글의 그림이나 제목과
관련지어서 내용을 미리 짐작해 본다거나
배경지식을 떠올리면서 읽는 목적을
분명히 하는 활동입니다.

② 읽는 중

1주 2일차

생각 쌓기

학습자의 읽기 역량에 따라
긴 글을 전후로 크게 나누어 읽거나
끊지 않고 쭉 이어서 읽어 봅니다.

한줄톡! 은 읽은 글의 내용을 한 문장으로
요약해 보는 활동입니다.

③ 읽은 후

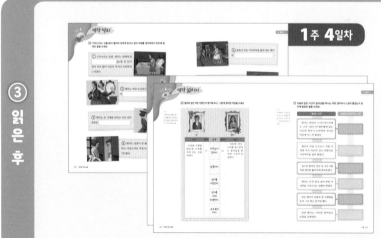

1주 4일차

생각 정리

글의 내용을 한눈에 정리해 보는 활동입니다.
장면을 이야기의 흐름대로 정리해 볼 수도
있고, 주요 내용을 채워서 이야기의
흐름을 완성할 수도 있습니다.

생각 넓히기

다양한 사고력을 필요로 하는 서술·논술형
문제들입니다. 글을 읽고 생각한 바를
다양한 방법으로 표현해 볼 수 있습니다.

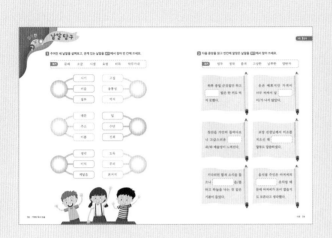

어휘력 쑥쑥!

낱말 탐구

글에 나오는 주요 어휘를
미리 공부하면서 읽기를 조금 더 수월하게
이끌어 갑니다. 뜻을 모를 때에는
가이드북을 참고하세요.

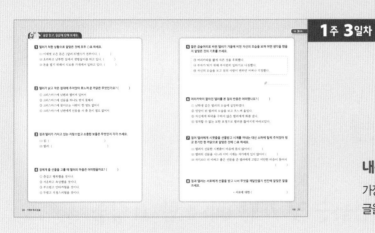

1주 3일차

독해력 척척!

내용 확인 (독해)

가장 핵심적인 독해 문제만 실었습니다.
글을 꼼꼼하게 읽었는지 확인할 수 있습니다.

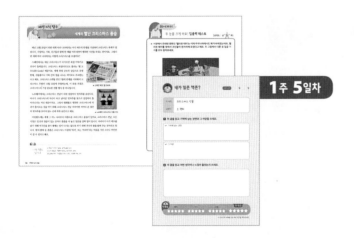

1주 5일차

표현력 뿜뿜!

배경지식 탐구 / 쉬어가기

읽은 글의 내용과 관련된 배경지식을
담았습니다. 주제와 연관된 추천 도서도
살펴볼 수 있습니다. 잠깐 쉬면서
머리를 식히는 코너도 마련했습니다.

독서 노트

읽은 책에 대한 감상평을 남겨 보세요.
별점을 매기며 종합적으로 평가해
보는 것도 좋습니다.

차례

자유롭게
적어 봐~

* 한 주에 한 편씩 계획을 세워 독서 다이어리를 완성해 보세요.

주차별	읽기 전	읽는 중	읽은 후	
글의 제목	생각 열기 낱말 탐구	생각 쌓기 내용 확인	생각 정리 생각 넓히기	독서 노트
예 ○주 글의 제목을 쓰세요.	3/3 낱말이 어렵다 ㅠ-ㅠ	3/5	3/6 문제 다 맞음!	3/7	/
	/	/	/	/	/
	/	/	/	/	/
	/	/	/	/	/
	/	/	/	/	/

특강
주 제 별 글 쓰 기

주제 1	자료 읽고 생각 떠올리기	다양한 의견 알아보기	주제에 맞게 글 쓰기
	/		/

주제 2	자료 읽고 생각 떠올리기	다양한 의견 알아보기	주제에 맞게 글 쓰기
	/		/

1주

소설 인문, 사회

⭐ 독서논술계획표

❯ 다음 단계에 맞게 공부한 날짜를 쓰세요.

읽기 전			읽는 중			읽은 후		
생각 열기	월	일	생각 쌓기	월	일	생각 정리	월	일
낱말 탐구	월	일	내용 확인	월	일	생각 넓히기	월	일

독서 노트	월	일

크리스마스 선물

오 헨리

※ 오 헨리(1862~1910)는 미국의 소설가로, 대표작으로는 『경찰관과 찬송가』, 『마지막 잎새』 등이 있습니다.

생각 열기

1 '크리스마스'는 어떤 날인지 생각하며 빈칸에 알맞은 내용을 쓰세요.

•••
크리스마스에 사랑하
는 사람들과 선물을
주고받았던 경험을 떠
올려 보세요.

🎁 크리스마스는 어떤 날인가요?

🎁 크리스마스에 선물을 주고 싶은 사람과 그 까닭을 써
보세요.

🎁 크리스마스에 왜 선물을 하는 것일까요?

----

2 각각 팔과 다리를 다친 두 친구가 크리스마스에 선물을 주고받았어요. 친구들의 마음은 어떠할지 생각하며 빈칸에 알맞은 내용을 쓰세요.

• • •

자신이 팔과 다리를 다쳤을 때 각각 글러브와 신발을 선물받았다면 어떤 마음이 들지 생각해 보세요.

팔을 다쳤는데 왜 글러브를 선물했을까?

다리를 다쳤는데 왜 신발을 선물했을까?

선물을 받은 친구들은 어떤 기분일까요?

선물에 담긴 뜻은 무엇일까요?

선물은 현명한 것이었을까요?

☐ 그렇다. ☐ 아니다.

☐ 그렇다. ☐ 아니다.

1 주어진 세 낱말을 살펴보고, 관계 있는 낱말을 보기 에서 찾아 빈칸에 쓰세요.

보기   문패   소굴   시샘   요령   터득   막무가내

	시기		고집	
	미움		융통성	
	질투		억지	

	대문		일	
	주소		수단	
	이름		잔꾀	

	생각		도둑	
	이치		무리	
	깨달음		본거지	

2 다음 문장을 읽고 빈칸에 알맞은 낱말을 보기 에서 찾아 쓰세요.

보기　　엄두　　정작　　품격　　고상한　　남루한　　양탄자

하루 종일 군것질만 하고 [　　　] 밥은 한 끼도 먹지 못했다.

옷은 예쁘지만 가격이 너무 비싸서 살 [　　　] 이/가 나지 않았다.

찻잔을 가만히 들여다보니 고급스러운 [　　　] 과/와 예술성이 느껴진다.

교장 선생님께서 미소를 지으신 채 [　　　] 말투로 말씀하셨다.

기다리던 합격 소식을 들으니 [　　　] 을/를 타고 하늘을 나는 것 같은 기분이 들었다.

음식점 주인은 아저씨의 [　　　] 옷차림 때문에 아저씨가 돈이 없을지도 모른다고 생각했다.

크리스마스 선물

오 헨리

1달러 87센트. 그게 델러가 가진 전부였습니다. 게다가 그중에 60센트는 1센트짜리 동전이었습니다. 그 동전들은 식료품 가게와 채소 가게와 정육점에서 물건을 살 때마다 한 푼 두 푼 깎아서 모은 것이었습니다. 가게 주인들이 '이 사람, 정말 지독한 여자네.' 하는 비웃음을 던질 때면 막무가내로 값을 깎는 것이 부끄러워 얼굴이 붉어지던 적도 한두 번이 아니었습니다. 델러는 세 번이나 다시 세어 보았습니다. 하지만 역시 1달러 87센트였습니다. 내일이 크리스마스인데 말입니다.

그저 낡고 작은 침대에 주저앉아 엉엉 우는 수밖에 없었습니다. 델러는 서러운 마음에 흐느껴 울었습니다.

그렇게 흐느껴 울던 델러는 잠시 울음을 멈추고 새삼 자신의 초라한 처지를 돌아보았습니다. 그녀가 사는 집은 가구가 딸린 1주일에 8달러짜리 셋방이었습니다. 말도 못할 정도는 아니지만 거지 소굴이 될까 두려울 만큼 초라하고 남루한 집이었습니다.

아래층 현관에는 도무지 편지가 들어가지도 않을 듯한 우편함과 아무리 눌러도 울리지 않는 초인종이 달려 있었습니다. 지금은 글자가 희미해진 '딜링햄 영'이라는 남편의 이름이 새겨진 문패도 붙어 있었습니다.

하지만 일을 마치고 2층으로 들어서는 남편을 '짐'이라고 다정하게 부르며 포옹할 때만큼은 아직도 더없이 행복했습니다.

델러는 울음을 완전히 멈추고 침대에서 정성스럽게 일어나 화장을 했습니다. 그러고는 창가에 서서 잿빛 고양이가 잿빛 마당의 울타리 위를 걸어가는 것을 우두커니 바라보았습니다.

내일이 크리스마스인데 사랑하는 남편 짐에게 줄 선물을 살 돈이라고는 달랑 1달러 87센트뿐이었습니다. 몇 달 동안 모았다는 게 고작 그것이었습니다. 1주일 수입인 20달러로는 어떻게 할 방법이 없었습니다. 아무리 아껴 써도 늘 모자랐던 것이지요.

'짐에게 선물을 사 줄 돈은 겨우 1달러 87센트뿐……'

그래도 델러는 남편 짐에게 어떤 선물을 사 줄까 생각하면서 잠시나마 행복한 시간을 보냈습니다. 근사하면서도 귀하고, 짐에게 걸맞은 특별한 뭔가를 찾느라 말입니다.

 한줄록! 내일이 ❶＿＿＿＿＿＿＿＿＿인데, 델러는 남편 짐의 선물을 살 돈이 1달러 87센트밖에 없었습니다.

✦셋방: 돈을 내고 빌려 쓰는 방.　✦잿빛: 재의 빛깔과 같이 흰빛을 띤 검은빛.

방에는 낡은 거울이 하나 있었습니다. 거울이라고 해 봐야 세로로 가느다란 것이어서 마르고 재빠른 사람이라야 자신을 비춰 볼 정도의 것이었습니다. 하지만 델러는 거울을 보는 요령을 터득하고 있었습니다.

갑자기 델러는 창문에서 몸을 돌려 거울 앞에 섰습니다. 두 눈은 반짝이고 있었지만 얼굴은 곧 창백하게 바뀌고 말았습니다. 델러는 급히 머리를 풀었습니다. 그러고는 긴 머리카락을 늘어뜨렸습니다.

짐과 델러에게는 자랑스럽고 소중한 보물이 하나씩 있었습니다. 짐은 할아버지로부터 물려받은 금시계, 델러는 아름답고 긴 머리카락이 그것이었습니다.

만약 건너편 아파트에 여왕이 살고 있어서 델러가 창밖으로 늘어뜨린 머리카락을 본다면, 부끄러워 방 안의 보석들을 치우고 말 것입니다. 또 왕이 이 아파트 지하실에서 온갖 보물을 산더미처럼 쌓아 놓고 수위 노릇을 한다면, 짐이 시계를 꺼내 볼 때마다 시샘에 겨워 턱수염을 쥐어뜯고 말았을 것입니다.

델러가 늘어뜨린 머리카락은 작은 폭포수처럼 출렁이고 반짝였습니다. 델러는 거울에 비친 자신의 머리카락을 바라보다가 서둘러 머리채를 감아 올렸습니다. 그러다가 잠시 머뭇거리더니 낡아 빠진 붉은 양탄자 위에 눈물 한두 방울을 떨어뜨렸습니다.

델러는 낡은 갈색 옷을 꺼내 입고 모자를 눌러쓴 채 계단을 내려와 거리로 나섰습니다.

델러가 걸음을 멈춘 곳은 '마담 소프로니 가발'이라는 간판이 걸린 가발 가게였습니다. 계단을 단숨에 뛰어 올라간 그녀는 숨을 고르며 마음을 다잡았습니다.

"제 머리카락 사시겠어요?"

"그럼요. 모자를 벗으시고, 머리를 한번 보여 주세요."

주인이 말했습니다.

델러가 머리를 풀자 갈색 머리카락이 폭포수처럼 흘러내렸습니다.

"20달러 드리겠어요."

주인은 델러의 머리카락을 능숙한 손길로 들어 올리면서 말했습니다.

한줄 톡! 델러는 ❷ ＿＿＿＿＿＿＿＿＿＿＿＿ 을/를 팔기 위해
가발 가게로 갔습니다.

델러가 마담 소프로니의 가게에서 나온 뒤의 두 시간은 정말 꿈결처럼 지나 갔습니다. 짐에게 줄 선물을 사느라 온 가게를 샅샅이 뒤지고 다녔습니다.

마침내 델러는 마음에 꼭 드는 선물을 찾아냈습니다. 그건 마치 짐을 위해 만들어 놓은 것 같았습니다. 다른 어떤 가게에서도 볼 수 없는, 디자인이 단순하면서도 고상한 금 시곗줄이었습니다. 으레 명품이란 게 그렇듯이, 번지르르한 장식이 아니라 그 품격만으로도 값어치를 드러내는 그런 것이었습니다. 짐의 보물 시계에도 걸맞은 것이었습니다. 델러는 그 시곗줄을 보며 바로 짐의 것이라는 생각이 들었습니다. 수수하면서도 깊이가 있어 보이는 것이, 어쩌면 짐과 꼭 닮은 물건이었습니다.

델러는 물건값으로 21달러를 치르고, 서둘러 집으로 돌아왔습니다. 델러는 짐의 시계에 이 시곗줄을 달면 짐이 어디서든 자랑스럽게 시계를 꺼내 볼 수 있을 거라고 생각했습니다. 짐은 훌륭한 시계를 가졌음에도, 낡은 가죽끈이 부끄러워 남몰래 시계를 꺼내 보곤 했기 때문입니다.

꿈결: 덧없이 빠르게 지나가는 동안.
으레: 두말 할 것 없이 당연히.

　집에 돌아온 델러는 들뜬 기분을 가라앉히고 이내 엉망이 되어 버린 짧은 머리를 손질하기 시작했습니다.

　얼마나 지났을까? 어느새 짧은 곱슬머리로 바뀐 델러의 모습은 마치 개구쟁이 남학생처럼 보였습니다. 델러는 거울에 비친 제 모습을 오랫동안 꼼꼼히 들여다보았습니다.

　짐이 돌아올 시간이 되자, 델러는 시곗줄을 접어 손에 쥔 채 짐이 들어올 문 가까이에 놓인 탁자에 걸터앉았습니다. 이윽고 계단을 올라오는 짐의 발걸음 소리가 들렸습니다.

　델러는 얼굴이 하얗게 질린 채로 조용히 앉아 있었습니다.

　"아, 하느님. 저 이가 제가 여전히 예쁘다고 생각하게 해 주세요."

　델러는 나지막하게 기도를 드렸습니다.

 한줄톡! 델러는 짐에게 줄 선물로 ❸_____을/를 샀습니다.

문이 열리고 짐이 들어왔습니다. 장갑도 없이 낡은 외투 하나로 겨울을 나지만 짐은 자신의 처지를 슬퍼하지 않았습니다.

　　안으로 들어온 짐은 꼼짝 않고 서서 델러를 바라보았습니다. 짐은 짐작할 수 없는 이상한 눈길로 델러를 쳐다보기만 했습니다.

　　짐의 표정은 분노도 놀람도 아니었습니다. 비난도 두려움도 아니었습니다. 그렇다고 델러가 예상했던 그 어떤 느낌의 표정도 아니었습니다. 짐은 묘한 표정으로 델러를 뚫어지게 바라볼 뿐이었습니다.

　　델러는 자리에서 일어나 살금살금 짐에게 다가섰습니다.

　　"여보, 그렇게 쳐다보지 마세요."

　　델러가 외쳤습니다.

　　"당신에게 선물도 하지 않고 어떻게 크리스마스를 맞을 수 있겠어요? 하는 수 없이 머리카락을 잘라 팔았어요. 머리카락은 다시 자랄 거예요. 어서 '메리 크리스마스'라고 말해 주세요. 즐겁게 크리스마스를 맞아야지요, 네? 당신, 내가 얼마나 멋진 선물을 준비했는지 아세요?"

　　"당신, 정말 머리카락을 잘랐단 말이에요?"

　　짐은 델러의 짧은 머리카락을 보고도 믿기지 않는다는 듯 힘들게 물었습니다.

　　"네, 잘라서 팔았어요. 설마 머리카락을 잘랐다고 당신의 사랑이 달라지는 건 아니겠지요? 당신을 위해 팔았어요. 짐, 크리스마스이브예요. 그냥 다정하게 대해 주세요. 제 머리카락이 얼마나 되는지 헤아릴 수는 있어도, 당신을 사랑하는 제 마음은 헤아릴 수 없을 거예요."

　　델러가 다정하게 말했습니다.

　　짐은 갑자기 정신이 번쩍 드는 것 같았습니다. 짐은 델러를 꼭 껴안아 주었습니다. 그리고 외투 주머니에서 선물 꾸러미 하나를 꺼내 탁자 위에 올려놓았습니다.

"여보, 괜찮아요. 당신이 머리를 어떻게 자르든. 아니, 아주 싹 밀어 버려도

아무 상관없어요. 그렇다고 해도 내 사랑은 변하지 않아요. 하지만 저걸 풀

어 보면 내가 왜 그렇게 넋이 나가 있었는지 알게 될 거예요."

짐이 말했습니다.

한줄툭! 델러의 짧은 머리카락을 본 짐은 잠시 넋이 나가 있다가 정신을 차려 델러를 꼭 ❹ _____
주었습니다.

델러는 재빨리 꾸러미를 풀어 보았습니다. 델러의 입에서는 기쁨의 탄성이
터져 나왔습니다. 그리고 이내 그 탄성은 가슴 아픈 눈물과 흐느낌으로 바뀌었
습니다. 짐은 델러를 온 마음으로 위로하지 않을 수 없었습니다.

꾸러미 속의 선물은 바로 머리빗이었습니다. 옆머리를 다듬는 것과 뒷머리
용 빗을 함께 갖춘 빗 세트였습니다.

델러가 무척 갖고 싶어 했지만 그저 바라볼 수밖에 없었던 가게 진열장 속의
빗이었습니다. 가장자리를 보석으로 꾸미고 거북 등딱지로 만든 값비싼 것이
었습니다. 가지고는 싶었지만 너무나 비싸 엄두도 내지 못하던 그런 값진 것을
마침내 얻었는데, 정작 그 빗으로 다듬을 머리카락은 사라진 것입니다.

하지만 델러는 빗을 가슴에 꼭 품은 채 눈물 어린 눈으로 미소를 지으며 말
했습니다.

"짐, 제 머리카락은 빨리 자라는 편이에요!"

그러다 델러는 뭔가 갑자기 생각난 듯 크게 소리쳤습니다.

"어머나, 내 정신 좀 봐!"

✦탄성: 몹시 감탄하는 소리.

짐에게 주려고 마련한 멋진 선물을 보여 주지 못했던 것입니다. 델러는 간절한 마음으로 선물을 쥐고 있던 손을 짐에게 펴 보였습니다. 시곗줄의 은은한 빛깔에 델러의 마음의 빛이 더해져 더욱 빛나는 것 같았습니다.

"멋지지 않아요, 짐? 이걸 구하려고 온 시내를 다 뒤지고 돌아다녔어요. 이제부터 하루에 수백 번이라도 시계를 꺼내 보고 싶어질 거예요. 어서 시계를 꺼내 보세요. 당신 시계에 얼마나 잘 어울리는지 보고 싶어요."

그러나 짐은 시계를 꺼내는 대신 소파에 털썩 주저앉아 뒷머리를 만지며 그저 빙긋 웃기만 했습니다.

"델러, 우리 크리스마스 선물은 잠시 잊어버리기로 합시다. 지금 당장 쓰기에는 알맞지 않은 것 같으니까요. 실은 당신 빗을 사려고 내 시계를 팔아 버렸거든요."

델러와 짐은 서로를 끌어안으며 눈물을 글썽였습니다.

멀리서 크리스마스를 알리는 종소리가 들려왔습니다.

한줄톡! 짐은 자신의 시계를 팔아 델러에게 줄 ❺＿＿＿＿＿＿＿＿ 을/를 샀습니다.

1 델러가 처한 상황으로 알맞은 것에 모두 ○표 하세요.

(1) 이제껏 모은 돈은 1달러 87센트가 전부이다. (   )

(2) 초라하고 남루한 집에서 셋방살이를 하고 있다. (   )

(3) 돈을 벌기 위해서 식료품 가게에서 일하고 있다. (   )

2 델러가 낡고 작은 침대에 주저앉아 흐느껴 운 까닭은 무엇인가요? (   )

① 크리스마스에 남편과 떨어져 있어서

② 크리스마스에 선물을 하나도 받지 못해서

③ 크리스마스에 찾아오는 사람이 한 명도 없어서

④ 크리스마스에 남편에게 선물을 사 줄 돈이 별로 없어서

3 짐과 델러가 가지고 있는 자랑스럽고 소중한 보물은 무엇인지 각각 쓰세요.

(1) 짐: (   )

(2) 델러: (   )

4 짐에게 줄 선물을 고를 때 델러의 마음은 어떠했을까요? (   )

① 즐겁고 행복했을 것이다.

② 서운하고 속상했을 것이다.

③ 부끄럽고 안타까웠을 것이다.

④ 두렵고 걱정스러웠을 것이다.

5 짧은 곱슬머리로 바뀐 델러가 거울에 비친 자신의 모습을 보며 어떤 생각을 했는지 알맞은 것의 기호를 쓰세요.

> ㉮ 머리카락을 짧게 자른 것을 후회했다.
> ㉯ 부자가 되기 위해 부지런히 일하기로 다짐했다.
> ㉰ 자신의 모습을 보고 짐의 사랑이 변하면 어쩌나 걱정했다.

✎ _____

6 머리카락이 짧아진 델러를 본 짐의 반응은 어떠했나요? (   )

① 남학생 같은 델러의 모습에 실망하였다.
② 엉망이 된 델러의 모습을 보고 흐느껴 울었다.
③ 자신에게 허락을 구하지 않은 델러에게 화를 냈다.
④ 짐작할 수 없는 묘한 표정으로 델러를 뚫어지게 바라보았다.

7 짐이 델러에게 시곗줄을 선물받고 시계를 꺼내는 대신 소파에 털썩 주저앉아 빙긋 웃기만 한 까닭으로 알맞은 것에 ○표 하세요.

(1) 델러가 선물한 시곗줄이 마음에 들지 않아서 (   )
(2) 델러의 선물을 사느라 이미 시계는 자기에게 있지 않아서 (   )
(3) 자기보다 더 비싸고 좋은 선물을 준 델러에게 고맙고 미안한 마음이 들어서
(   )

8 짐과 델러는 서로에게 선물을 받고 나서 무엇을 깨달았을지 빈칸에 알맞은 말을 쓰세요.

• 서로에 대한 (   )

1 『크리스마스 선물』에서 짐과 델러에게 일어난 일의 차례를 생각하면서 빈칸에 알맞은 말을 쓰세요.

① 크리스마스 전날, 델러는 짐에게 줄

[   ] 을/를 살 돈이

얼마 되지 않아 자신의 처지가 초라하게

느껴졌다.

② 델러는 마담 소프로니 가발 가게에 가

서 [   ].

③ 델러는 온 가게를 뒤지고 다녀 짐의

선물로 [   ].

④ 델러는 엉망이 된 짧은 머리를 손질

하고 걱정스러운 마음으로 짐이 오기를

기다렸다.

⑤ 집에 온 짐은 머리카락을 짧게 자른 델러를 [   ].

⑥ 짐은 델러가 무척 갖고 싶어 했지만 사지 못한 [   ].

⑦ 델러는 시곗줄을 쥐고 있던 손을 짐에게 펴 보였다.

⑧ 짐은 소파에 주저앉아 웃기만 하다가 델러에게 [   ] (으)로 하자고 말하였고, 두 사람은 서로를 끌어안으며 눈물을 글썽였다.

1 짐과 델러는 어떤 사람인지 평가해 보고, 그렇게 생각한 까닭을 쓰세요.

이야기 속 인물의 말이나 행동을 잘 살펴보고 각 인물의 성격이 어떠한지 파악해 보세요.

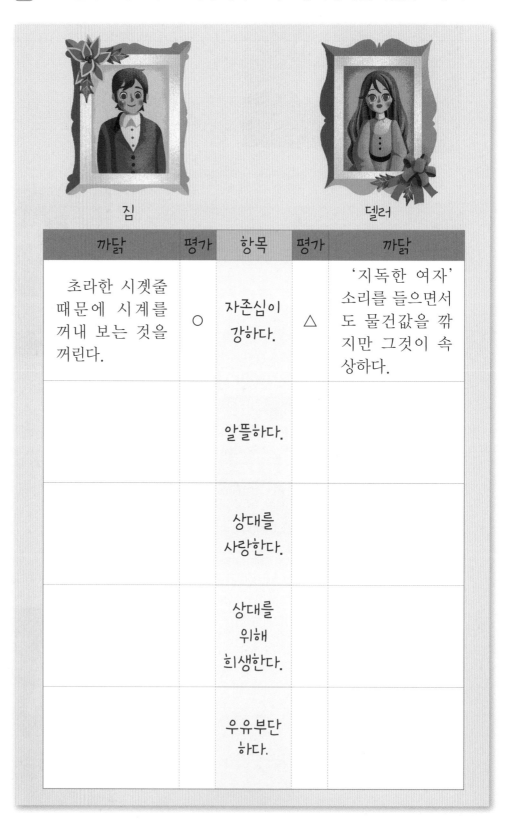

짐

델러

까닭	평가	항목	평가	까닭
초라한 시곗줄 때문에 시계를 꺼내 보는 것을 꺼린다.	○	자존심이 강하다.	△	'지독한 여자' 소리를 들으면서도 물건값을 깎지만 그것이 속상하다.
		알뜰하다.		
		상대를 사랑한다.		
		상대를 위해 희생한다.		
		우유부단 하다.		

2 다음과 같은 사건이 일어났을 때 나는 어떤 생각이나 느낌이 들었는지 빈 칸에 알맞은 말을 쓰세요.

○○○
이야기에서 인물이 겪은 일이나 인물의 행동을 보고 든 생각이나 느낌을 떠올려 보세요.

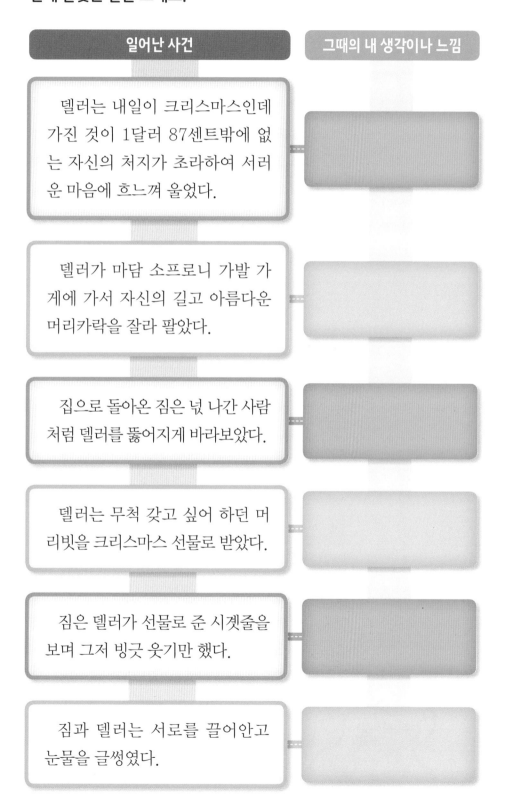

일어난 사건	그때의 내 생각이나 느낌
델러는 내일이 크리스마스인데 가진 것이 1달러 87센트밖에 없는 자신의 처지가 초라하여 서러운 마음에 흐느껴 울었다.	
델러가 마담 소프로니 가발 가게에 가서 자신의 길고 아름다운 머리카락을 잘라 팔았다.	
집으로 돌아온 짐은 넋 나간 사람처럼 델러를 뚫어지게 바라보았다.	
델러는 무척 갖고 싶어 하던 머리빗을 크리스마스 선물로 받았다.	
짐은 델러가 선물로 준 시곗줄을 보며 그저 빙긋 웃기만 했다.	
짐과 델러는 서로를 끌어안고 눈물을 글썽였다.	

3 델러가 하루 동안에 한 일을 살펴보고, 같은 시간에 짐은 무엇을 했을지 델러가 한 일과 비교하여 쓰세요.

●●●
이야기에는 드러나지 않지만 같은 시간에 짐은 무엇을 했을지 시간의 흐름에 맞게 짐작해 보세요.

델러가 한 일	짐이 한 일은?
크리스마스 전날에 자신의 초라한 처지를 돌아보며 울었다.	
울음을 멈추고 남편 짐에게 어떤 선물을 사 줄까 생각했다.	
마담 소프로니 가발 가게에서 자신의 머리카락을 팔았다.	
짐에게 줄 선물을 사느라 온 가게를 뒤지고 다녔다.	
짐의 선물로 금 시곗줄을 사서 집으로 돌아왔다.	

4 짐과 델러가 서로에게 준 크리스마스 선물에는 어떤 공통점이 있는지 빈 칸에 쓰세요.

∙∙∙
짐과 델러가 서로에게
사 준 선물에는 어떤
진심이 담겨 있는지
생각해 보세요.

---

5 만약에 내가 짐과 델러에게 크리스마스 선물을 준다면 어떤 선물을 주겠는지 그 까닭과 함께 쓰세요.

∙∙∙
짐과 델러가 행복한
크리스마스를 보내기
위해 무엇을 선물하는
것이 좋을지 생각해
보세요.

선물로 주고 싶은 것은?

그 선물을 주고 싶은 까닭은?

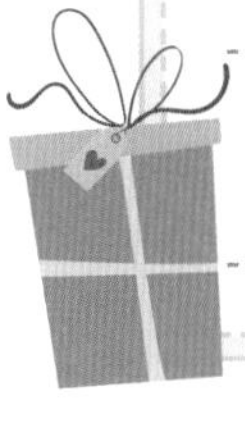

세계의 별난 크리스마스 풍습

매년 12월 25일이 되면 세계 여러 나라에서는 아기 예수의 탄생을 기념하여 크리스마스 축제가 열립니다. 사랑하는 가족, 친구들과 함께 한 해를 마무리하며 행복한 시간을 보내는 것이지요. 그렇다면 세계 여러 나라에서는 어떻게 크리스마스를 보낼까요?

▲ 스페인 복권, 엘 고르도

스페인에서는 매년 크리스마스가 다가오면 복권 이야기로 전국이 들썩입니다. 크리스마스 복권이라고도 불리는 '엘 고르도(El Gordo)' 때문이죠. 세계 최대 규모의 상금으로 유명한데, 선물용이나 가족 간의 정을 나누는 의미로도 주고받는다고 해요. 크리스마스 6개월 전인 7월에 판매를 시작해서 크리스마스 무렵인 12월 22일에 추첨하는데, 이 복권 추첨은 크리스마스의 가장 중요한 전통 행사 중 하나입니다.

▲ 노르웨이 크리스마스 전통 카드

노르웨이에서는 크리스마스 전날이 되면 집집마다 빗자루를 숨깁니다. 마녀가 크리스마스에 자신이 타고 날아갈 빗자루를 찾으러 집집마다 돌아다닌다는 미신 때문이지요. 그래서 평화롭고 행복한 크리스마스에 악귀가 들어오는 것을 막기 위해 크리스마스 전날 저녁이면 저마다 온 집안의 빗자루를 보이지 않는 곳에 꼭꼭 숨긴다고 해요.

아일랜드에는 세계 그 어느 나라보다 아름다운 크리스마스 풍습이 있어요. 크리스마스 전날, 모든 가정은 집 안의 창문이 있는 곳마다 촛불을 켜 놓고 창문을 살짝 열어 둡니다. 마리아가 아기 예수를 낳기 위해 마구간을 찾아 헤매는 일이 다시는 없도록 하기 위해 전국의 불을 밝혀 주는 것이라고 합니다. 밤새 밝혀 둔 촛불은 크리스마스 아침에 '메리', 또는 '마리아'라는 이름을 가지고 있는 소녀나 여인만이 끌 수 있다고 해요.

이런 책도 있어요

오 헨리, 『마지막 잎새』, 문학마을, 2019
오스카 와일드, 『행복한 왕자』, 아이위즈, 2019
셸 실버스타인, 『아낌없이 주는 나무』, 시공주니어, 2017

쉬어가기

두 눈을 크게 떠요! 집중력 테스트

[난이도 : 상 ★ 중 ★ 하]

★ 서양에서 유래된 문화인 '핼러윈 데이'는 이제 우리나라에서도 꽤 익숙해졌는데요, 핼러윈 데이를 맞아서 귀신들이 한자리에 모였다고 해요. 두 그림에서 다른 점 일곱 가지를 모두 찾아보세요.

● 정답은 가이드북 13쪽을 확인하세요.

2주

논설문 사회, 철학

⊛ 독서논술계획표

🔸 다음 단계에 맞게 공부한 날짜를 쓰세요.

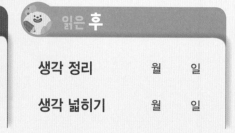

읽기 전			읽는 중			읽은 후		
생각 열기	월	일	생각 쌓기	월	일	생각 정리	월	일
낱말 탐구	월	일	내용 확인	월	일	생각 넓히기	월	일

독서 노트	월	일

* 아는 것과 실천하는 것

* 한 배에 탄 사람들

생각 열기

읽기 전

1 우리나라에서는 어린이가 큰 잘못을 저질러도 어른보다 가볍게 처벌이 내려져요. 이것이 옳은 일인지 옳지 않은 일인지 따져 보고, 빈칸에 알맞은 까닭을 쓰세요.

●●●
어린이는 아직 성숙하지 않기 때문에 보호와 관심이 필요하고, 섣불리 미래를 포기하지 않게 하려고 가벼운 처벌을 내리는 것이에요. 이것에 대한 자신의 생각을 까닭과 함께 정리해 보세요.

쉽게 용서할 수 없는 죄를 저질렀지만, 어린이이므로 벌금 100만 원에 처한다.

옳은 일이다. 왜냐하면

옳지 않은 일이다. 왜냐하면

2 6명이 타고 가던 배가 고장 났는데, 구명정에는 5명만 탈 수 있어요. 누가 배에 남아야 할지 고르고, 그 까닭을 쓰세요.

각 인물의 능력이나 역할 등을 다양하게 생각해 보고, 누가 배에 남는 게 가장 현명한 방법일지 떠올려 보세요.

✦**구명정:** 큰 배에 싣고 다니면서 사고가 났을 때 사람의 목숨을 구하는 데 쓰는 작은 배.

다른 사람들은 왜 구명정에 타야 하는지도 생각해 봐.

선원
아주머니
할아버지
어린이
아가씨
선장

남아야 하는 사람: _____

남아야 하는 까닭: _____

_____

_____

낱말 탐구

1 글자 수와 낱말의 뜻을 살펴보고, 알맞은 낱말이 되도록 글자에 ○표 하세요.

2글자

존 간 호 이 화

사치스럽고 화려함.

2글자

존 간 재 혹 수

어쩌다가 띄엄띄엄.

2글자

화 존 호 재 간

현실에 실제로 있음. 또는 그런 대상.

2글자

호 간 이 수 성

이치에 따라 사리를 분별하는
성품이나 능력.

4글자

아 수 미 성 라 장

싸움이나 그 밖의 다른 일로 큰 혼란에 빠진 곳.

2 낱말과 관련 있는 내용을 보고, 문장에 들어갈 알맞은 낱말을 찾아 ○표 하세요.

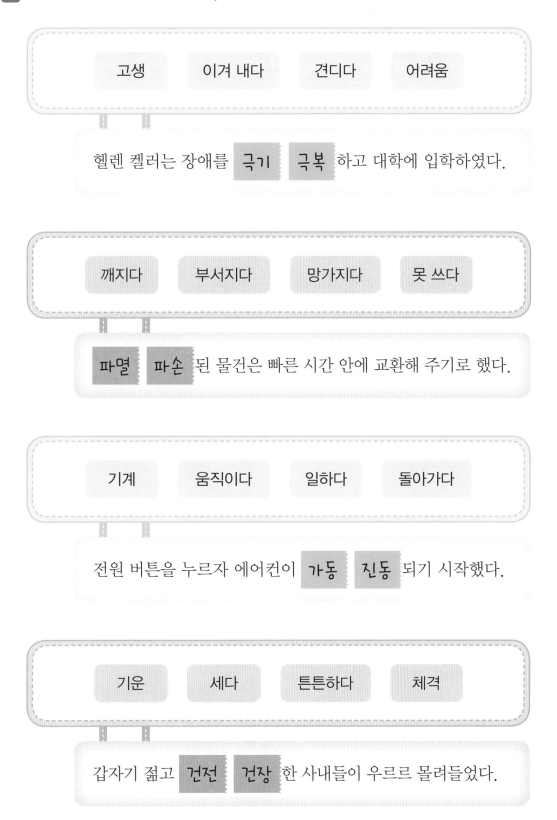

고생　　　이겨 내다　　　견디다　　　어려움

헬렌 켈러는 장애를 극기 극복 하고 대학에 입학하였다.

깨지다　　　부서지다　　　망가지다　　　못 쓰다

파멸 파손 된 물건은 빠른 시간 안에 교환해 주기로 했다.

기계　　　움직이다　　　일하다　　　돌아가다

전원 버튼을 누르자 에어컨이 가동 진동 되기 시작했다.

기운　　　세다　　　튼튼하다　　　체격

갑자기 젊고 건전 건강 한 사내들이 우르르 몰려들었다.

❶ 우리 주변에서 옳은 일을 실천하는 사람들을 떠올리며 읽어 보세요.

아는 것과 실천하는 것

세상에서 가장 귀한 존재는 바로 사람입니다. 그것은 사람만이 옳고 그른 일을 가려서 할 줄 아는 존재이기 때문입니다. 사람은 옳은 일을 보면 그 일을 실천에 옮기려고 애씁니다. 또, 사람은 옳지 않은 일을 보면 고쳐 나가려고 애씁니다. 사람이 이렇게 옳은 것과 옳지 않은 것을 구별하고, 이 구별에 따라서 스스로 옳은 일을 실천하는 것은 매우 중요한 일입니다.

그런데 사람들 중에는 옳은 일을 하지 못하는 사람도 있습니다. 옳은 일을 하지 못하는 사람은 다음 두 가지 경우 중 하나입니다.

첫째는, 무엇이 옳은지 모르기 때문에 옳은 일을 하지 못하는 경우입니다. 이런 대표적인 경우는 어린아이들입니다. 그래서 어린아이들이 잘못을 저질렀을 때에는 다시는 그런 행동을 하지 말라고 잘 타이릅니다.

그런데 간혹 어린아이가 아닌 사람들 중에도 무엇이 옳은 일인지 모르기 때문에 옳은 일을 실천에 옮기지 못하는 사람이 있습니다. 이런 사람들은 무엇이 옳은 일인지를 배우면 그것을 잘 실천할 수 있습니다.

무엇이 옳은 일인지를 아는 것은 그렇게 쉽지 않습니다. 그래서 우리는 늘 열심히 배우려고 노력해야 합니다.

 무엇이 옳은지 ❶ _____ 때문에 옳은 일을 하지 못하는 사람들이 있습니다.

둘째는, 무엇이 옳은 일인지를 알면서도 실천하지 않는 경우입니다. 옳은 일이 어떤 것인지 잘 알면서도 실천하지 못하는 까닭은 무엇일까요? 그것은 자기의 옳지 못한 욕심만을 채우기 위해서 행동하고, 또 옳은 일을 실천하려는 의지와 용기가 부족하기 때문입니다.

옳지 못한 욕심 때문에 사람들은 그릇된 일을 하게 됩니다. 남의 물건을 훔친다든지, 자기의 이익을 위해서 거짓말을 한다든지 하는 일들은 옳지 못한 욕심 때문에 생기는 일들입니다. 놀고 싶어서 어머니의 심부름을 하지 않는다든지, 남보다 빨리 가고 싶어서 교통질서를 지키지 않는 일들도 옳지 못한 욕심 때문에 생기는 일입니다. 우리 주위에서 일어나는 그릇된 일들의 대부분은 옳지 못한 욕심을 억제하지 못하기 때문에 생겨나게 됩니다.

✦**그릇된**: 어떤 일이 이치에 맞지 아니한.
✦**억제하지**: 감정이나 욕망, 충동적 행동 따위를 내리눌러서 그치게 하지.

또 의지가 부족해도 옳은 일을 실천할 수 없습니다. 여러분은 어떤 일을 하겠다고 굳게 결심을 했다가, 며칠 지나지 않아 그 결심이 약해져서는 계획했던 일을 실천하지 못하게 된 경험을 한 적이 있을 것입니다.

이러한 경우를 '작심삼일'이라고 표현하기도 합니다. 이는 '한번 마음먹은 일이 삼 일밖에 가지 못한다.'라는 뜻입니다.

옳은 일을 실천하는 과정에는 많은 어려움이 따릅니다. 굳은 의지로 이러한 어려움을 극복해야만 비로소 옳은 일을 실천할 수 있게 되는 것입니다.

 한줄톡! 무엇이 옳은 일인지 알면서도 ❷ ＿＿＿＿＿＿ 하지 않는 사람들이 있습니다.

＊**작심삼일**: 단단히 먹은 마음이 사흘을 가지 못한다는 뜻으로, 결심이 굳지 못함을 이르는 말.

그리고 옳은 일을 하기 위해서는 용기도 필요합니다.

몇 해 전의 일입니다. 한 고등학교 학생이 불이 난 방 안에 용감하게 뛰어 들어가 어린아이를 구출하였다는 기사가 신문에 실린 적이 있었습니다. 용기가 없었다면, 그 학생은 불길 속으로 뛰어들지 못했을 것입니다.

옳은 일을 수행하려는 용기는, 때로 희생을 요구하기도 합니다. 폭풍 속에서 21명의 선원들을 구명정에 모두 옮겨 태우고 난 뒤, 자신은 최후까지 침몰해 가는 배에 남아 긴급 구조 신호를 보내다가 숨진 어느 선장의 용기와 희생에서 우리는 이러한 예를 찾을 수 있습니다.

'아는 것을 행동으로 실천해야만 참으로 아는 것이다.'라는 말이 있습니다. 우리는 '아는 것'과 '행동하는 것'이 일치되도록 노력해야 합니다. 무엇이 옳은 일인가를 배워서 알고, 배워서 안 것을 굳은 의지와 참된 용기로 꾸준히 실천해 나가면, 그러한 행동이 우리의 몸에 배게 되어 실천하기가 더욱 쉬워집니다.

이렇게 함으로써 우리들의 인격은 보다 훌륭하게 완성되어 가는 것입니다.

 우리는 ❸ _____ 과/와 ❹ _____ 이/가 일치되도록 노력해야 합니다.

한 배에 탄 사람들

큰 배를 타 본 적이 있으세요?

배가 움직이기 위해서는 여러 사람들이 각자 자기가 맡은 일을 해야 합니다.

배 안에는 모든 일을 지휘하고 감독하는 선장이 있습니다. 기관을 움직이고 손보는 기관사가 있습니다. 해도를 보고 가야 할 뱃길과 가지 말아야 할 길을 짚어 내는 항해사가 있으며, 통신 책임을 맡은 통신사도 있습니다. 또 식당 일을 하는 주방장도 있습니다. 이 밖에도 여러 가지 일을 맡아 하는 사람들이 있습니다.

이들 중 어느 한 사람이라도 없으면 배는 움직일 수가 없습니다. 만일 기관사가 없어 기계가 가동되지 않는다면 어떻게 될까요? 선장이 아무리 지휘를 잘하여도 배는 나아가지 않을 것입니다.

 배가 움직이기 위해서는 여러 사람들이 각자 자기가
❺ _____ 을/를 해야 합니다.

✦**해도:** 바다의 상태를 자세히 적어 넣은 항해용 지도.

드넓은 바다에서 배를 타지 못하고 고무보트 하나에 몇 사람이 의지해 바다를 떠도는 사람들을 한번 생각해 봅시다. 언제 닥쳐올지 모르는 폭풍을 생각하면 얼마나 불안하고 고통스럽겠습니까?

나라도 배와 같습니다.

배가 움직이려면 제각기 맡은 몫의 일을 하는 사람이 필요하듯이, 나라에도 크고 작은 책임을 맡아서 일하는 사람이 있어야 합니다. 우리는 한 배에 탄 사람들입니다.

한 배에 탄 사람들끼리 서로를 생각한 아름다운 이야기가 있습니다.

다음은 1912년 4월 14일에서 15일 사이에 실제로 일어났던 일입니다.

북대서양을 항해하던 영국의 호화 여객선 타이태닉호가, 떠내려오던 거대한 빙산에 부딪혀 선체가 크게 파손되었습니다. 그 배에 탄 승객들은 2,200여 명이나 되었는데 갑자기 일어난 사고로 배 안은 곧 아수라장이 되었습니다.

선실에서 뛰쳐나오는 사람, 기도하는 사람, 아이를 찾아 헤매는 사람……

사람들은 선실을 뛰쳐나오고 미친 듯이 날뛰며 울부짖었습니다.

 ❻ _____ 에도 제각기 크고 작은 책임을 맡아서 일하는 사람이 있어야 합니다.

그러나 선장의 지시를 따르는 선원들은 침착하였습니다.

"모두들 침착하셔야 합니다. 조용히 자기 자리를 지켜 주십시오."

스피커에서 울려 나오는 소리에 승객들도 이내 이성을 찾았습니다. 그리고 누가 먼저 살아 나가야 할지를 생각하였습니다.

선원들은 구명정을 내려서 여자와 어린이 들을 먼저 태웠습니다. 기관실에서 일하는 37명의 기관사들은 한 사람도 자리를 뜨지 않고 최후의 순간까지 기계를 조종하였습니다.

이 배에는 7명의 *악사가 있었습니다. 이 악사들도 기우는 배 안에서 승객들을 안정시키기 위하여 열심히 음악을 연주하였습니다.

그 배의 3등 선실에는 *이민을 떠나는 가난한 농부들이 아이들과 함께 타고 있었고, 특실에는 세계적으로 유명한 *명사들이 타고 있었습니다. 그러나 특실의 명사들은 가난한 이민객들에게 구명정을 양보하였습니다.

배가 점점 물속으로 가라앉았습니다. 배의 엔진 소리가 멎고, 연주 소리 또한 그쳤습니다. 구명정에 옮겨 탄 어린이와 부녀자 외에 배에 남은 1,500여 명의 건장한 남자들은 성실한 선원들과 함께 최후를 맞았습니다.

*악사: 악기로 음악을 연주하는 사람.
*이민: 자기 나라를 떠나 다른 나라로 옮겨 가서 사는 일.
*명사: 세상에 널리 알려진 사람.

비록 배는 깊은 물속에 가라앉았지만, 너무도 장엄한 인간 사랑의 승리였습니다. 만약 서로가 자기만이 살겠다고 고집하였다면, 아마 이 배에 탄 사람들은 한 사람도 살아남지 못했을 것입니다. 그리고 우리의 기억에서도 잊혔을 것입니다. 결국 타이태닉호는 침몰하고 말았지만, 타이태닉호 사건이 보여 준 인간 사랑의 정신은 우리에게 영원히 살아 있습니다.

우리는 지금 한 배를 타고 항해하고 있습니다. 가다가 높은 파도나 나쁜 날씨 등과 같이 어려운 일을 당할 때도 있을 것입니다. 그러나 우리 사회가 이와 같이 아름다운 정신을 지닌 사람들로 가득할 때, 우리가 목표하고 있는 살기 좋은 사회에 무사히 도착할 수 있을 것입니다.

우리는 늘 한 배를 타고 항해하는 사람들임을 잊지 말아야 하겠습니다.

  우리 사회가 ❼ _____ 의 아름다운 정신을 지닌 사람들로 가득해야 살기 좋은 사회를 이룰 수 있습니다.

아는 것과 실천하는 것

1 어린아이들이 잘못을 저질렀을 때에 잘 타일러야 하는 까닭은 무엇인가요?

(   )

① 몸집이 작기 때문에

② 어른을 무서워하기 때문에

③ 무엇이 옳은지 잘 모르기 때문에

④ 의견을 분명하게 말하지 못하기 때문에

2 무엇이 옳은 일인지 잘 알면서도 실천하지 못하는 까닭으로 알맞은 것에 모두 ○표 하세요.

⑴ 다른 사람들과 똑같이 행동하기 위해서 (   )

⑵ 자기의 옳지 못한 욕심을 채우기 위해서 (   )

⑶ 옳은 일을 실천하려는 의지와 용기가 부족해서 (   )

3 다음과 같은 경우를 가리키는 사자성어는 무엇인지 쓰세요.

> 어떤 일을 하겠다고 굳게 결심을 했다가 며칠 지나지 않아 그 결심이 약해져서 계획했던 일을 실천하지 못한다.

✎ _____

4 옳은 일을 실천하기 위해 필요한 것을 모두 고르세요. (   )

① 희생   ② 재능

③ 의지   ④ 용기

한 배에 탄 사람들

5 배와 나라의 비슷한 점을 말한 것입니다. 빈칸에 들어갈 알맞은 낱말을 쓰세요.

> 배가 움직이려면 제각기 맡은 몫의 일을 하는 사람이 필요하듯이, 나라
> 에도 크고 작은 [   ]을/를 맡아서 일하는 사람이 있어야 한다.

6 타이태닉호에 사고가 났을 때, 선원들과 승객들은 누구를 구명정에 태웠는지 두 가지 고르세요. (   )

① 가난한 이민객들   ② 여자와 어린이 들
③ 세계적으로 유명한 명사들   ④ 기관실에서 일하는 기관사들

7 마지막 순간까지 타이태닉호에 남은 사람들에게서 우리가 느낄 수 있는 것은 무 엇인지 쓰세요.

8 한 배를 타고 항해하는 우리가 살기 좋은 사회에 무사히 도착하기 위해 가져야 할 자세로 알맞은 것을 두 가지 고르세요. (   )

① 인간을 사랑하고 배려하는 자세
② 자신만의 개성과 자유를 추구하는 자세
③ 자신이 맡은 역할에 책임을 다하는 자세
④ 어려움을 겪고 있는 이웃에게 무관심한 자세

생각 정리

1 글쓴이가 주장하는 내용을 글의 짜임에 맞게 정리하며 빈칸에 알맞은 말을 쓰세요.

아는 것과 실천하는 것

서론

> 사람이 옳은 것과 옳지 못한 것을 구별하고, 이 구별에 따라
>
> [   ] 은/는 매우 중요하다.

본론

> 사람들 중에는 옳은 일을 하지 못하는 사람도 있는데, 다음의 두 가지 경우이다.
>
> 첫째, 무엇이 옳은지 모르기 때문에 옳은 일을 하지 못하는 경우이다. [   ] 을/를 아는 것은 쉽지 않기 때문에 늘 열심히 배우려고 노력해야 한다.
>
> 둘째, 무엇이 옳은지를 알면서도 실천하지 않는 경우이다. 옳은 일을 하기 위해서는 굳은 의지와 용기가 필요하다. 옳은 일을 수행하려는 용기는, 때로 [   ] .

결론

> 무엇이 옳은가를 배워서 알고, 그것을 [   ] (으)로 꾸준히 실천해 나가면 우리들의 인격은 보다 훌륭하게 완성되어 갈 것이다.

한 배에 탄 사람들

서론

배가 움직이려면 제각기 맡은 몫의 일을 하는 사람이 필요하듯이, 나라에
도 [   ]이/가 있어야 한다.
우리는 한 배에 탄 사람들이다.

본론

1912년에 북대서양을 항해하던 타이태닉호의 선체가 커다란 빙산에 부
딪혀 크게 파손되자, 배 안은 [   ]. 그러나 선장의
지시를 따르는 선원들은 침착하게 행동하였고, 승객들도 곧 이성을 찾아
[   ].

그 결과, 선원들은 구명정에 여자와 어린이 들을
먼저 태웠고, 특실에 탔던 세계적 명사들은 가난한
이민객들에게 구명정을 양보했다. 결국 타이태닉호
는 침몰하고 말았지만, 타이태닉호 사건이 보여 준
[   ].

결론

우리 사회가 인간 사랑의 정신을 지닌 사람들로 가득할 때, 우리가 목표하
고 있는 [   ]에 무사히 도착할 것이다.

생각 넓히기

1 타이태닉호에 타고 있던 사람들이 '아는 것'과 '실천한 것'은 무엇인지 생각해 보고, 빈칸에 알맞은 내용을 쓰세요.

● ● ●

배 안에 있던 사람들이 자신의 역할은 무엇이라고 생각했는지, 또한 그 역할을 다하기 위해 어떤 노력을 했는지 정리해 보세요.

사람들	아는 것	실천한 것
선장	죽음을 각오하고 책임을 다하여 승객들을 안전하게 보호하는 것이 옳다.	침착하게 선원들을 지휘하여 승객들을 구하고 배 안에서 최후를 맞았다.
기관사들		
악사들		
명사들		

2 타이태닉호의 선장과 선원들, 승객들이 구명정에 탈 사람을 정한 기준을 정리해 보고, 기준을 그렇게 정한 까닭은 무엇이겠는지 쓰세요.

• • •

만약 타이태닉호에 탄 사람들이 자기만 살겠다고 고집했다면 아마도 이 배에 탄 사람들은 한 사람도 살아남지 못했을 거예요. 타이태닉호에 탄 사람들이 보여 준 인간 사랑의 정신을 되새기며 탑승 기준을 정한 까닭을 생각해 보세요.

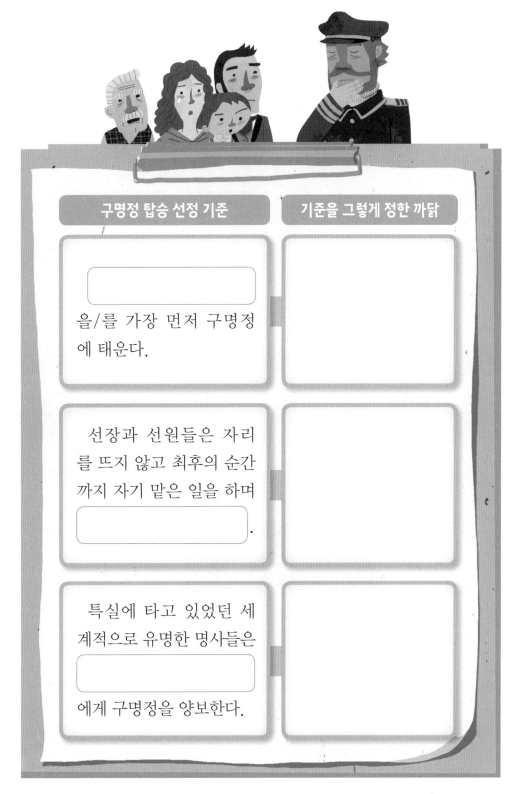

구명정 탑승 선정 기준	기준을 그렇게 정한 까닭
☐ 을/를 가장 먼저 구명정에 태운다.	
선장과 선원들은 자리를 뜨지 않고 최후의 순간까지 자기 맡은 일을 하며 ☐ .	
특실에 타고 있었던 세계적으로 유명한 명사들은 ☐ 에게 구명정을 양보한다.	

3 다음은 『아는 것과 실천하는 것』, 『한 배에 탄 사람들』에 나온 이야기를 신문 기사로 꾸민 것이에요. 빈칸에 기사 내용에 알맞은 제목을 쓰세요.

• • •
기사 내용을 대표할 수 있는 제목을 생각해 보세요.

어젯밤 8시경 서울 암사동 단독 주택가에 화재가 발생했다. 마침 근처를 지나던 고등학생 나용감 군이 이를 발견하고 집 안으로 뛰어 들어가 방 안에 있던 어린아이를 구출했다.

어제 낮 2시경, 누리호 선원 21명이 해경에 의해 구조되었다. 선원들은 선장 최씨가 침몰해 가는 배에 끝까지 홀로 남아 긴급 구조 신호를 보내다가 숨졌다며 안타까워했다.

1912년 4월 14일, 북대서양을 항해하던 영국의 호화 여객선 타이태닉호가 거대한 빙산에 부딪혀 침몰했다. 배에는 2,200여 명의 승객과 선원 등이 타고 있었으나, 겨우 700여 명만이 구조되었다. 선장과 선원들, 승객들은 각자의 역할을 다하고 자신을 희생하여 인간 사랑의 정신을 보여 주었다.

4 옳은 일을 실천하기 위해서는 굳은 의지나 용기가 필요해요. 다음 상황에서는 어떤 의지나 용기가 필요할지 쓰세요.

각각의 상황을 살펴보고, 용기가 필요한 상황과 의지가 필요한 상황을 나누어 보세요.

버스나 전철에서 소매치기하는
사람을 보았을 때

모른 척하지 않고 주변에 있는

어른께 알리거나 경찰에 신고하는

용기

친구가 다른 아이들에게
괴롭힘을 당할 때

회사 일로 바쁘신 부모님이
집안일을 하실 때

대중교통 이용 중, 서 계시는
할머니, 할아버지를 보았을 때

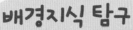

빙산이 삼켜 버린 호화 여객선 타이태닉호

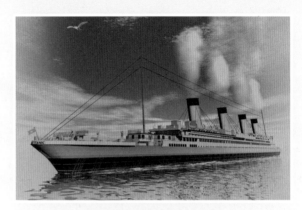
▲ 타이태닉호의 모습

세계 최대 규모의 호화 여객선이었던 타이태닉호는 1912년 4월 10일 영국의 사우스햄프턴에서 출발하여 미국의 뉴욕으로 향하는 첫 항해를 시작했어요. 타이태닉호에는 약 2,200명의 사람들이 타고 있었지요.

타이태닉호는 1912년 4월 14일 23시 40분, 북대서양의 뉴펀들랜드로부터 남서쪽으로 640킬로미터 떨어진 바다 한가운데에서 거대한 빙산에 충돌하여 크게 손상을 입은 뒤 차가운 바다 밑으로 침몰하고 말았어요. 배에는 모두 16척의 구명보트와 4척의 접는 보트가 있었고, 2,200여 명이나 되는 사람들 가운데 700여 명만이 가까스로 목숨을 구할 수 있었답니다. 화려한 첫 출발을 알렸던 타이태닉호가 수많은 희생자와 함께 바다 깊은 곳에 잠들어 버릴 줄은 아무도 상상하지 못했어요.

그런데 최근 미국의 해저 탐험가이자 억만장자로 알려진 빅터 베스코보(Victor Vescovo)가 이끄는 탐사대가 깊은 잠에 빠져 있는 타이태닉호의 모습을 선명하게 촬영해 세상에 공개했어요. 그 결과, 타이태닉호는 염분과 미생물로 인해 예상보다 더 빠르게 부식되고 있다는 사실을 확인할 수 있었어요. 영화 '타이타닉' 속 주인공이 양팔을 벌리고 서 있던 뱃머리 부분은 심각하게 녹이 슬어 있었지요. 갑판 쪽은 한때 웅장하고 호화로웠던 타이태닉호의 모습이 어렴풋이 보이기는 했지만, 대부분의 객실은 부식되어 그 자취를 알아보기 힘들 정도였다고 해요. 탐사대에 따르면, 타이태닉호는 2030년까지 완전히 파괴되어 버릴 것이라고 합니다. 1912년 화려한 출발을 알렸던 타이태닉호가 역사 속으로 완전히 사라지는 것이지요.

이런 책도
있어요

빅토르 위고, 『장발장』, 효리원, 2011
정지아, 『마틴 루터 킹』, 자음과모음, 2012
톨스토이, 『사람은 무엇으로 사는가』, 창비, 2015

머리가 좋아져요! 사고력 테스트

✱ 스도쿠는 가로 세로 아홉 칸인 정사각형 모양의 빈칸에 1부터 9까지 아홉 개의 숫자
를 채워 세 가지 조건을 만족하게 하는 수학 퍼즐이에요. 다음 조건을 모두 만족시켜
서 정답을 맞혀 보세요.

> 조건 1. 어떤 가로줄에도 같은 숫자가 있으면 안 돼요.
>
> 조건 2. 어떤 세로줄에도 같은 숫자가 있으면 안 돼요.
>
> 조건 3. 아홉 칸짜리 작은 정사각형 안에 같은 숫자가 있으면 안 돼요.

	9		5	8			3	4
6	3			7		2		
4		8			1	6		
					2	5	6	
2			7		8			3
	8	5	1					
		9	8			3		6
		4		1			2	9
8	6			9	7		5	

● 정답은 가이드북 13쪽을 확인하세요.

3주

논설문 사회, 문화

⭐ 독서논술계획표

❯ 다음 단계에 맞게 공부한 날짜를 쓰세요.

* 사람을 대할 때
이율곡

* 친구를 사귀는 법
유길준

생각 열기

1 다음 그림의 빈칸에 알맞은 인사말을 쓰고, 물음에 알맞게 답해 보세요.

•••
각 그림에서 인사를
받는 대상이 누구인지
잘 살펴보세요.

그림에서 인사말이 서로 다른
까닭은 무엇일까요?

_____

_____

_____

_____

인사말을 다르게 하는 기준은
무엇일까요?

_____

_____

_____

_____

2 어린이들이 친구를 어떻게 생각하는지 조사하려고 설문지를 만들었어요. 다음 물음에 알맞게 답해 보세요.

●●●
자신의 경험을 떠올려 보고, 친구에 대한 자신의 생각을 솔직하게 답해 보세요.

✦**아첨:** 남에게 잘 보이기 위하여 알랑거림. 또는 그런 말이나 짓.

친구에는 유익한 친구와 해로운 친구가 있어. 되도록 정직한 친구, 성실한 친구, 보고 듣고 배운 것이 많은 친구를 사귀는 것이 좋아. 겉치레만 하는 친구, ✦아첨 잘하는 친구, 거짓말을 하는 친구는 사귀지 않는 게 좋아.

'친구'에 대한 내 생각은?

★ 아주 어려운 부탁을 할 수 있는 친구는 몇 명 있나요?

☐ 1명 이하   ☐ 2명   ☐ 3명 이상

★ 친구를 사귈 때 가장 중요하게 생각하는 것은 무엇인가요?

_____

_____

★ 아주 친하지만 게으름만 피우는 친구가 도움을 청한다면 도와줄 것인가요?

☐ 그렇다.   ☐ 아니다.   ☐ 모르겠다.

★ 어떤 친구를 사귀고 싶나요? (중복 허용)

☐ 잘생긴 친구   ☐ 정직한 친구   ☐ 잘사는 친구
☐ 성실한 친구   ☐ 재미있는 친구   ☐ 잘 노는 친구
☐ 재주 많은 친구   ☐ 공부 잘하는 친구

낱말 탐구

1 주어진 낱말의 뜻을 살펴보고, 문장의 뜻이 통하도록 알맞은 낱말을 찾아 ○표 하세요.

화목하고 평온함.

가장 중요한 것은 무엇보다 가족 모두 건강하고 욕심 없이 화려 화평 화해 을/를 누리는 일이다.

마음의 작용으로 얼굴에 드러나는 빛.

학교에서 일어난 일을 알게 되신 어머니께서는 전혀 놀란 기선 기색 기술 없이 차분하게 행동하셨다.

살아가기 위하여 하는 일.

전염병으로 인해 전국적으로 환자가 늘어나자, 많은 의사들은 생각 생업 생존 을 잠시 뒤로 하고 봉사하였다.

정신이 흐려 말이나 행동이 정상을 벗어남.

우리는 항상 이치에 맞지 않는 망령 망신 망언 된 생각을 하지 않도록 조심해야 한다.

어떤 일을 약속하여 정함.

새 휴대 전화를 사고 싶지만 약관 약분 약정 기간 이 아직 많이 남아 있어서 지금은 살 수가 없다.

일이 잘되도록 여러 방법으로 힘씀.

선생님께서는 평소 우리가 보고 싶어 하던 명사와의 만남을 주시 주선 주장 하여 주셨다.

2 주어진 세 낱말을 보고, 관련 있는 낱말을 보기 에서 찾아 빈칸에 쓰세요.

보기   경의   무릇   부조   수납   영장   화근

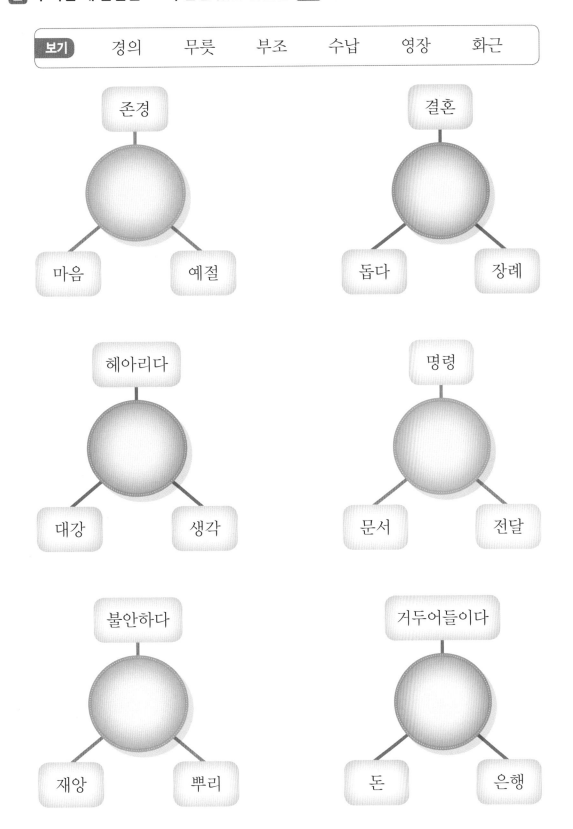

존경
마음   예절

결혼
돕다   장례

헤아리다
대강   생각

명령
문서   전달

불안하다
재앙   뿌리

거두어들이다
돈   은행

❶ 우리나라와 서양에서 사람을 대하는 예절에 대해 알아 보며 읽어 보세요.

사람을 대할 때

◆이율곡

대체로 사람을 대할 때에는 화평하며 공손히 받들기에 힘쓰는 것이 마땅하다. 나보다 나이가 배나 많은 사람이면 부모님처럼 섬기고, 10살이 많으면 형님처럼 섬겨야 한다. 5살이 많아도 또한 조금은 공손히 받들어야 한다. 제 학문을 믿고 제일인 체하거나, 우쭐대거나 다른 이를 업신여겨서는 안 된다.

친구는 반드시 학문을 좋아하고 착한 일을 좋아하는 사람을 골라서 사귀어야 한다. 또 성품이 엄하고 곧으며 진실한 사람을 골라야 한다. 이런 이와 더불어 같이 지내며, 내 마음을 비워 본받으며 깨우침을 받아 나의 모자람을 다스려야 한다. 만일 성질이 게으르고 놀기를 좋아하며 ◆유들유들하고 아첨하기를 좋아하며 정직하지 않은 사람이면 사귀지 말아야 한다.

◆**이율곡(1536~1584):** 조선 중기의 유학자 겸 정치가. 본명은 이이. 퇴계 이황과 함께 조선을 대표하는 학자로 손꼽힘. 일찍이 과거 시험에서 급제해 높은 벼슬을 지내며 사회 개혁을 추진하였음.

◆**유들유들하고:** 부끄러운 줄도 모르고 뻔뻔한 데가 있고.

한 고향 사람으로 착한 사람이면 반드시 가까이 두고 정을 나누어야 한다. 착하지 않은 사람이라도 고약한 말을 하거나 그의 좋지 못한 행동을 드러내 놓고 말해서는 안 된다. 그저 데면데면 대하고 서로 왕래하지 말아야 한다. 그 사람이 전부터 아는 사람이라면 서로 만나도 인사만 하고 다른 이야기는 나누지 말아야 한다. 그러면 자연히 점점 멀어질 것이며, 원망이나 노여움도 사지 않게 된다.

같은 소리는 서로 어울리고, 같은 기운은 서로 찾는다고 했다. 만일 내가 학문에 뜻을 두었다면 나는 반드시 학문하는 선비를 찾을 것이며, 학문하는 선비 또한 반드시 나를 찾을 것이 이치다. 겉으로는 학문을 한다 해 놓고, 집에 잡스런 손님을 들여 떠들썩하게 세월을 보내는 이는 결코 학문을 즐겨 하는 이가 아니다.

대체로 절하는 예절을 미리 정할 수는 없다. 그러나 대개 아버지의 친구 되는 사람이면 마땅히 절을 해야 한다. 같은 마을의 15살 이상 많은 이에게도 절을 하는 것이 옳다. 벼슬이 당상관에 이르고, 나보다 나이가 10살 이상 많은 이에게도 절을 해야 마땅하다. 고향 사람으로 20살 이상 많은 이에게도 절을 해야 마땅하다. 그 사이의 좀 높고 낮은 것이나 여러 가지 다른 경우는 때에 따라서 적절히 해야 할 것이다. 꼭 이 예에 얽매일 필요는 없다. 다만 항상 자신을 낮추고 남을 높이는 생각을 가슴속에 두는 것이 옳다. 옛 성현의 말씀에 이르기를, '따뜻하게 남을 공경하는 것이 덕의 바탕이 된다.'라고 했다.

 한줄톡! 친구는 학문과 ❶ _____ 을/를 좋아하고, 성품이 엄하고 곧으며 ❷ _____ 사람을 골라야 한다.

✦**데면데면:** 사람을 대하는 태도가 친밀감이 없이 예사로운 모양.
✦**당상관:** 조선 시대에 있던 정삼품 이상의 높은 품계에 해당하는 벼슬아치.
✦**성현:** 성인(聖人)과 현인(賢人)을 아울러 이르는 말.

나를 헐뜯는 사람이 있다면 어떻게 할까? 그때에는 반드시 스스로를 돌아보고 반성해야 할 것이다.

만일 내게 실제로 나무랄 만한 행동이 있으면 스스로 꾸짖고 옳고 그름을 따져 그 허물*을 고치기를 꺼리지 말아야 한다.

내 허물이 아주 작은 것인데 이것을 더 부풀려서 헐뜯는다면, 그가 한 말이 아무리 지나치더라도 내가 비난을 받을 까닭이 있는 것이니 지난 허물을 파헤쳐 말끔히 씻어 내는 것이 마땅한 일이다.

만약 내게 아무런 잘못이 없는데도 거짓으로 허물을 만들어 헐뜯는다면, 그 사람이 망령된 사람에 지나지 않는 것이다. 망령된 사람과 무엇 하러 옳고 그름을 따지겠는가? 더구나 그의 거짓 비난은 바람이 귓가를 지나가는 것 같고 구름이 허공*을 지나가는 것과 같은데, 나에게 무슨 상관이 있을까 생각하며 참아야 한다. 대체로 이처럼 나를 헐뜯는 소리가 있을 때에는 내게 그런 허물이 있으면 고치고, 없다면 더욱 허물이 없도록 노력하면 되는 것이다. 이런 것들은 모두 내게 유익한 일이다.

*허물: 잘못 저지른 실수.
*허공: 텅 빈 공중.

그런 소리가 들릴 때에 만일 스스로 변명하면서 자신을 허물이 없는 사람으로 만들려 하면, 그 허물은 더욱 깊어지고 비난도 더욱 심해진다. 옛날 어떤 사람이 성현에게 헐뜯는 소리를 듣지 않을 방법을 물었다. 성현은 "스스로 닦는 것만 한 것이 없다."라고 하셨다. 더 말해 줄 것을 청하자 "변명하지 마라."라고 했다. 이 말이야말로 배우는 이가 본받을 법이라 할 만하다.

무릇 선생과 어른을 모신 이는 사람이 지켜야 할 도리 가운데 어려운 것은 물어서 스스로 배우기를 분명히 해야 한다. 한 고을의 나이가 많은 어른을 모실 때에는 마땅히 조심하고 공손히 하여 말을 함부로 하지 않아야 한다. 어른이 묻는 것이 있으면 공손히 사실대로 대답해야 한다.

친구들과 같이 있을 때에는 마땅히 도의로 논하고 제 몸을 갈고닦아야 한다. 오직 글의 바른 뜻만 말하고 자질구레한 세상 이야기나, 지금의 정치나 수령의 어질고 어질지 못한 것, 다른 사람의 허물과 악 따위는 입에 담지 말아야 한다.

시골 사람들과 같이 있을 때에는 비록 묻는 대로 대답하더라도 끝내 낮고 쓸데없는 말은 하지 말아야 한다. 점잖고 엄숙한 태도를 유지하되 잘난 체하거나 뽐내면 안 된다. 다만 착한 말로 이끌어 배움의 길로 나아가게 해야 한다.

 나를 헐뜯는 사람이 있다면 반드시 스스로를 돌아보고 ❸_____ 해야 하고, 어른을 모실 때에는 말을 함부로 하지 않아야 하고, 친구를 대할 때에는 글의 ❹_____ 만 말한다.

또 어린 사람들과 같이 있을 때에는 부모에게 효도하고 형제간에 우애 있게 지내는 일, 나라에 충성하고 친구 간에 믿음을 지키는 일들을 친절하게 말해 주어 착한 마음이 저절로 우러나게 해야 한다. 이렇게 하기를 마지않으면 시골의 풍속[*]도 점점 바르게 바뀌어 갈 것이다. 남을 해하거나 세상을 해치는 따위의 일은 털끝만큼이라도 마음에 두어서는 안 된다. 대개 사람이란 내게 이롭게 하려 하면 반드시 남과 세상을 해치게 하기 마련이다. 따라서 배우는 사람은 먼저 나를 이롭게 하려는 마음을 끊어야 한다. 그 뒤에라야 어진[*] 것을 배울 수 있다.

시골에 사는 선비는 소송[*]이라도 있다면 관청을 찾아가 볼 일이지만, 부득이[*]한 일이 아니라면 관청에 출입해서는 안 된다. 고을 수령이 아무리 가까운 친구라 할지라도 자주 가서는 안 되는 법이며, 친구도 아니라면 더 말할 필요도 없다. 또한 도리에 어긋나는 부탁은 결코 하지 않는 것이 마땅하다.

 배우는 사람은 먼저 나를 ❺＿＿＿＿＿＿＿＿＿＿＿＿＿＿＿ 을/를 끊어야 한다.

[*]**풍속:** 옛날부터 그 사회에 전해 오는 생활 전반에 걸친 습관 따위를 이르는 말.
[*]**어진:** 마음이 너그럽고 착하며 슬기롭고 덕이 높은.
[*]**소송:** 재판에 의하여 원고와 피고 사이의 권리나 의무 따위의 법률관계를 확정하여 줄 것을 법원에 요구함. 또는 그런 절차. 민사 소송, 형사 소송, 행정 소송, 선거 소송 따위가 있음.
[*]**부득이한:** 마지못하여 할 수 없는.

친구를 사귀는 법

[✦]유길준

친구란 함께 어울리는 무리를 가리킨다. 어떤 사람이든지 친구가 있다. 이제 서양 사람들이 친구 사귀는 방법을 몇 가지 들어 보겠다.

서양 풍속에서는 [✦]신의를 지키는 게 친구를 사귀는 데 있어서 가장 중요하다. 그러므로 친구를 사귈 때 큰일에서든 작은 일에서든 신의를 잃으면 부끄러운 것은 말할 것도 없고, 친구 사이도 차츰 멀어지게 된다.

친구끼리 시간 약속을 했으면 정해진 시간을 꼭 지켜야 하고, 만약 그 시간에 약속을 지킬 수 없으면 반드시 그 이유를 먼저 알려서 헛되이 기다리지 않게 해야 한다.

상인끼리 물건을 거래할 때에도 날짜를 약속했으면 정확하게 지켜야 한다. 기술자가 남의 부탁을 받아 물품을 만들어 주기로 했으면, 약정한 기한을 꼭 지켜야 한다. 관리가 나랏일을 집행하는 데 있어서도 역시 일정한 기한을 두어 국민들이 시간을 낭비하는 폐단이 없도록 해야 한다. 법관의 죄인 판결이라든가 관청의 세금 수납, 우체국의 편지 발송과 수집 그리고 각 관청의 영장 집행 등 모든 일에서 기한을 지켜 말과 행동이 어긋나지 말아야 한다. 기차나 배가 드나드는 것도 시간을 어겨서는 안 된다.

따라서 서양에서 가장 큰 욕과 부끄러움은 거짓말쟁이라고 불리는 것이다.

 한줄톡! 서양 풍속에서 친구를 사귈 때 가장 중요한 것은 ❻ _____ 을/를 지키는 것이다.

[✦]**유길준(1856~1914):** 조선 말기의 외교가 겸 정치가. 우리나라 최초의 국비 유학생으로, 『서유견문』을 집필하였음.
[✦]**신의:** 믿음과 의리를 아울러 이르는 말.

그들이 어울려 노는 모습을 살펴보면, 같은 또래끼리 서로 가까이 마주 앉아 가볍고 유쾌한 비유나 우스꽝스러운 이야기를 한다. 거기에는 즐거움이 가득하지만 추잡한 기색이나 더러운 말투는 조금도 없다. 한 번이라도 상소리나 욕설을 입에서 내뱉으면, 자기의 행실에 나쁜 영향을 미치는 것은 물론이고 남의 손가락질을 피할 수 없게 되며 유식한 자와 사귈 수도 없게 된다. 그러므로 이러한 아름다운 풍속이 습관처럼 저절로 자리 잡게 되었다.

또 친구 사이에 나라를 소중히 여기는 생각이나 교육 문제, 살림을 꾸리는 문제, 공부하는 과목, 외국의 사정, 역사에 관한 것에 대해 조용히 이야기한다. 그 밖에도 가난한 이들을 도와주는 방법이나 나쁜 풍속을 개혁하는 논의에까지 이른다. 서로 부지런히 일하기를 권하고, 학문을 닦고 덕을 쌓는 데 힘쓴다.

✦추잡한: 말이나 행동 따위가 지지분하고 잡스러운.

그들이 서로 만날 때의 예절은 다음과 같다.

가까이 있으면 손을 잡고, 추위나 더위 같은 날씨 이야기로 인사를 나눈다. 그 모습은 화목하면서도 절을 하는 절차가 없고, 말씨는 공손하면서도 존대하거나 천대하는 구별이 없다. 멀리 있으면 모자를 들어서 경의를 표시할 뿐이다. 손아랫사람이 어른을 만나든지 남자가 여자를 만나면, 멀고 가까운 것을 헤아리지 않고 먼저 인사하는 것이 예의다. 그러나 악수하는 예법은 어른이나 여자가 손을 내밀기를 기다렸다가 응한다. 또 남의 방에 들어갈 때에 남자는 모자를 벗지만, 여자는 모자를 벗지 않는다.

음식을 먹는 절차에 있어서도 언제나 여자에게 먼저 권하고, 남자는 뒤에 먹는다. 국이나 차 종류를 들이마시는 소리나 고기를 씹어 삼키는 소리를 내서는 안 되며, 과일의 씨는 손으로 입을 가리고 뱉어 낸다. 생선의 가시를 손으로 만져서도 안 되고, 또 땅에 버리지도 말아야 한다.

많은 사람들이 모여 회식하는 자리를 보아도 모습들이 점잖고 조용해서 큰 손님을 보는 것과도 같다. 이러한 버릇은 어릴 때부터의 습관으로 인한 것이다.

또 술 취한 얼굴로는 친한 친구 사이에도 만날 수가 없으므로 술을 마시는 일이 많지 않고, 취한 자는 문밖에 나갈 수도 없다. 형제 앞에서도 기침하거나 침을 뱉거나 하품하거나 기지개를 켜는 따위의 게으른 짓은 하지 않는다.

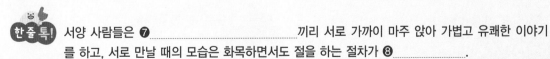

한줄톡! 서양 사람들은 ❼_____끼리 서로 가까이 마주 앉아 가볍고 유쾌한 이야기를 하고, 서로 만날 때의 모습은 화목하면서도 절을 하는 절차가 ❽_____.

절차: 일을 치르는 데 거쳐야 하는 순서나 방법.
천대하는: 업신여기어 천하게 대우하거나 푸대접하는.

친지 사이에 서로 도와주는 훌륭한 마음은 같은 또래나 손아래, 또는 어른이든 멀고 가까움을 가리지 않는다.

 몸가짐이 단정하고 마음가짐이 확실하지만 가난하기 때문에 자신의 뜻을 펴지 못하는 자가 있으면, 부유한 자가 그의 가난한 형편을 도와주러 나선다. 장사하기를 원하는 자에게는 돈을 빌려 주고, 학업 마치기를 원하는 자에게는 학비를 도와주며, 결혼이나 장례를 치르지 못하는 자에게는 부족하지 않게 부조해 주고, 죽은 친구의 가족이 재산을 다 날리고 어려운 지경에 이르게 되면 살길을 주선해 준다. 이 밖에도 재물에 인색한 마음은 별로 나타내지 않는다.

 그러나 형제나 자식, 조카 사이라도 그 사람이 하는 일 없이 놀고만 있으면 입고 먹는 비용 정도는 이따금 대어 주지만, 재물은 한 푼도 주지 않는다. 만약 남에게 재물을 빌린 것이 있으면 도리어 화를 낸다.

 그러한 속뜻을 미루어 생각해 보면 이런 것 같다.

 나라 안에 한 사람이라도 착실한 자가 놀고먹는 폐단이 있으면 피해가 그 한 사람에게로 그치지 않고, 그 영향이 전국에 미치게 되기 때문이다. 그러니 한 사람이라도 놀고먹는 자에게 재물을 주는 것은 그 사람을 사랑하는 것이 아니고, 미워하는 것이나 마찬가지다. 크게는 나라의 법을 어기는 것이고, 작게는 가족에게 걱정 근심을 끼치는 셈이 되어, 우리 사회에 한 화근을 만들게 된다.

 그러므로 부잣집 자식이라도 자기 생업을 꾸려 나갈 수 있는 길을 찾아 힘써 일해야 하며, 하는 일 없이 놀기만 하는 자는 평생을 가도 쓸 만한 재물이 없게 되어야 한다.

✦친지: 서로 잘 알고 가깝게 지내는 사람.

남의 즐거움을 자기의 즐거움으로 삼고, 남의 걱정을 자기의 걱정으로 삼는 것은 의로운 사람의 훌륭한 마음이다.

그들은 친구가 망신당하고 분하게 여기는 것을 마치 자기가 당한 것같이 부끄러워하고 성낸다. 다른 사람이 제 능력을 발휘하여 학문이나 기계에서 커다란 성공을 거두면, 마치 자기가 성공한 것처럼 기뻐하고 즐거워한다. 반대로 실패하는 일이 생기면 마치 자기가 실패한 것처럼 걱정하고 염려한다.

만약 억울한 이유나 불공평한 일로 인해 남에게 모욕을 당하게 되면 분한 마음을 참지 않고, 천한 자가 귀한 자에게 모욕을 당한 것이든 부자가 가난한 자를 모욕한 것이든, 그 가난하고 천한 것에 관계없이 증인이 되어 법관이 맡은 권한으로 그 부끄러움을 밝게 씻어 준다고 한다.

 ❾ _____ 사이에는 서로 도와주며, 남의 즐거움을 자기의 즐거움으로 삼고, 남의 걱정을 자기의 걱정으로 삼는다.

✦**증인:** 어떤 사실을 증명하는 사람.

사람을 대할 때

1 사람을 대할 때의 태도로 알맞은 것은 무엇인가요? (   )

① 화평하며 공손히 받들기 위해 노력해야 한다.

② 본받을 만한 점이 없는 사람 앞에서는 우쭐대도 된다.

③ 나이와 상관없이 웃어른은 모두 같은 태도로 대해야 한다.

④ 한 고향 사람이면 무조건 가까이 두고 정을 나누어야 한다.

2 절을 할 때 고려해야 할 점으로 알맞은 것에 ○표 하세요.

(1) 반드시 정해진 예에 맞춰야 한다는 것 (   )

(2) 자신에게 유익한 일을 찾으려 노력해야 한다는 것 (   )

(3) 자신을 낮추고 남을 높이는 생각을 가져야 한다는 것 (   )

3 나를 헐뜯는 사람이 있을 때 어떻게 하라고 했는지 알맞은 것을 모두 찾아 기호를 쓰세요.

> ㉮ 내게 아주 작은 허물이라도 있다면 파헤쳐 말끔히 씻어 낸다.
>
> ㉯ 내게 아무런 허물이 없다면 옳고 그름을 따져 헐뜯지 못하게 한다.
>
> ㉰ 나무랄 만한 행동이 있다면 스스로 꾸짖고 옳고 그름을 따져 고친다.

4 다음 중 어린 사람들과 같이 있을 때 말해 주어야 할 내용으로 알맞지 <u>않은</u> 것은 무엇인가요? (   )

① 충(忠)   ② 효(孝)   ③ 신(信)   ④ 풍(風)

친구를 사귀는 법

5 신의를 지키는 것을 중요시하는 서양 사람들에게 가장 큰 욕과 부끄러움은 무엇
인지 빈칸에 알맞은 말을 쓰세요.

• (   )(이)라고 불리는 것

6 서양 사람들이 사람을 만나거나 대할 때의 예절로 알맞지 <u>않은</u> 것은 무엇인가요?

(   )

① 남의 방에 들어갈 때에 여자는 모자를 벗지 않는다.

② 말씨는 공손하면서도 존대하거나 천대하는 구별이 없다.

③ 형제 앞에서는 마음 놓고 하품을 하거나 기지개를 켜도 된다.

④ 국이나 차 종류를 들이마시는 소리나 고기를 씹어 삼키는 소리를 내서는 안
된다.

7 서양 사람들이 친지를 돕는 모습으로 알맞은 것에 모두 ○표 하세요.

(1) 학업 마치기를 원하는 자에게는 학비를 도와준다. (   )

(2) 하는 일 없이 놀고먹는 자식에게는 생업을 마련해 준다. (   )

(3) 결혼이나 장례를 치르지 못하는 자에게는 넉넉히 부조해 준다. (   )

8 서양에서는 다음과 같은 사람을 어떤 사람으로 여기는지 쓰세요.

> 남의 즐거움을 자기의 즐거움으로 삼고, 남의 걱정을 자기의 걱정으로
> 삼는 사람

읽은 후 생각 정리

1 글의 내용을 정리하여 빈칸에 알맞은 말을 쓰세요.

사람을 대할 때

친구나 고향 사람을 대할 때

친구는 학문과 착한 일을 좋아하는 사람, 성품이 엄하고 곧으며 진실한 사람을 골라 사귀어야 한다. 고향 사람으로 착한 사람이면 가까이 두어야 하고, 착하지 않은 사람은 ☐.

나를 헐뜯는 사람을 대할 때

나에게 그런 허물이 있으면 고치고, 없다면 ☐.

선생과 어른을 모실 때

사람의 도리 가운데 어려운 것은 물어서 스스로 배워야 한다. 말을 함부로 하지 않되, 어른이 물으면 ☐.

시골 사람들을 대할 때

점잖고 엄숙한 태도를 유지하되 ☐.

☐ 을/를 대할 때

부모에게 효도하고 형제간에 우애 있게 지내는 일, 나라에 충성하고 친구 간에 믿음을 지키는 일들을 말해 주어야 한다.

친구를 사귀는 법

친구 간의 신의

친구끼리 시간 약속을 했으면 꼭 지켜야 하고, 만약 그 시간에 약속을 지킬 수 없으면 반드시 [   ].

어울려 노는 모습

가까이 마주 앉아 즐겁게 얘기하고, 서로 [   ] 을/를 권하고 학문을 닦고 덕을 쌓는 데 힘쓴다.

서로 만날 때의 예절

• 가까이 있으면 손을 잡고 날씨 이야기로 인사 나누고, 멀리 있으면 [   ].

• 손아랫사람이 어른을 만나거나 남자가 여자를 만나면 거리에 상관없이 [   ].

• 남의 방에 들어갈 때 남자는 모자를 벗지만, 여자는 모자를 벗지 않는다.

음식을 먹을 때의 예절

• 언제나 [   ] 에게 먼저 권한다.

• 국이나 차를 들이마시는 소리나 고기를 씹어 삼키는 소리를 내지 않는다.

• 많은 사람들이 회식하는 모습이 [   ].

• 술을 마시는 일이 많지 않고, 취하면 밖에 나가지 않는다.

친지 사이의 도움

어려움에 처한 친지는 멀고 가까움을 가리지 않고 도와준다. 그러나 하는 일 없이 놀고먹는 사람에게는 [   ].

평소 생활 태도

남의 즐거움을 자기의 즐거움으로 삼고, 남의 걱정을 자기의 걱정으로 삼는 것을 의로운 사람이라 여긴다.

1 우리 조상들이 생각하는 '선비'와 서양 사람들이 생각하는 '신사'는 각각 어떤 사람을 말하는지 쓰세요.

우리 조상들은 학식과 인품을 두루 갖춘 남자를 가리켜 '선비'라고 불렀고, 서양에서는 품행이 바르며 교양이 있는 남자를 가리켜 '신사'라고 불렀어요. 구체적으로 어떤 사람을 말하는지 정리해 보세요.

『사람을 대할 때』가 우리나라의 선비에 관한 내용이라면, 『친구를 사귀는 법』은 서양의 신사에 관한 내용이야.

 선비란?

- 말을 함부로 하지 않는 사람이다.

- _____

  _____ 사람이다.

- _____

  _____ 사람이다.

- _____

  _____ 사람이다.

 신사란?

- 신의를 가장 중요하게 여기는 사람이다.

- _____

  _____ 사람이다.

- _____

  _____ 사람이다.

- _____

  _____ 사람이다.

2 서양 사람들은 어떻게 신의를 지키는지 빈칸에 쓰고, 우리가 본받을 점은 무엇인지 정리하여 쓰세요.

●●●
서양 사람들이 신의를 지키는 모습을 구체적으로 살펴보고, 이를 통해 우리가 본받을 점을 생각해 보세요.

친구

시간 약속을 했으면 꼭 지켜야 한다. 만약 약속을 지킬 수 없으면 반드시 그 이유를 먼저 알려서 헛되이 기다리지 않게 한다.

상인

기술자

관리나 법관

우리가
본받을 점

3 우리 조상들과 서양 사람들이 친구와 사귀는 모습을 비교하여 빈칸에 알맞은 말을 쓰고, 어떤 공통점이 있는지 쓰세요.

우리 조상들이 친구를 대하는 모습과 서양 사람들이 친구와 어울리는 모습이 어떠한지 비교해 보고, 어떤 공통점이 있는지 생각해 보세요.

우리 조상들

- [   ]을/를 좋아하는 사람을 골라 사귀고, 게으르고 놀기 좋아하는 사람을 멀리한다.
- 절하는 예절을 미리 정할 수 없지만 때에 따라 적절히 맞춰 한다.
- 오직 글의 바른 뜻만 말하고 자질구레한 세상 이야기나 정치의 어질고 어질지 못한 것, [   ]은/는 말하지 않는다.

서양 사람들

- 친구 간에 서로 부지런히 일하기를 권하고 [   ] 힘쓴다.
- 가까이에서 손 잡고 인사 나누는 모습이 화목하면서 절을 하는 절차가 없다.
- 같은 또래끼리 가까이 앉아 가벼운 이야기를 하되, 추잡한 기색이나 더러운 말투는 조금도 없다.
- 말씨는 공손하면서도 [   ].

우리 조상들과 서양 사람들의 공통점은?

- ---

- ---

4 만약 내 주변에 나를 헐뜯는 친구가 있다면 각 상황에 따라 어떻게 할 것인지 쓰고, 그렇게 행동하려는 까닭도 정리하여 쓰세요.

『사람을 대할 때』에서 이율곡 선생이 말한 방법과 비교해 보거나 일상생활에서 겪었던 자신의 비슷한 경험을 떠올려 어떻게 할 것인지와 그 까닭을 써 보세요.

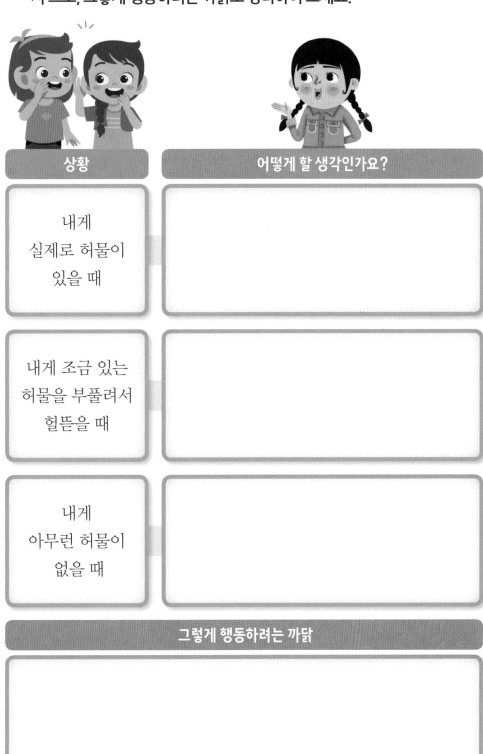

상황	어떻게 할 생각인가요?
내게 실제로 허물이 있을 때	
내게 조금 있는 허물을 부풀려서 헐뜯을 때	
내게 아무런 허물이 없을 때	

그렇게 행동하려는 까닭

사람이 지켜야 할 덕목과 도리, 삼강오륜

유교의 도덕 사상에서 가장 기본이 되는, 사람과 사람 사이에 꼭 지켜야 할 세 가지의 덕목과 다섯 가지의 도리를 '삼강오륜(三綱五倫)'이라고 합니다. 질서가 잡힌 사회를 만들기 위해 꼭 필요하다고 생각했는데, 삼강오륜은 현재까지도 이어져 우리의 일상생활에 깊이 자리 잡고 있답니다.

삼강	군위신강(君爲臣綱)	임금과 신하 사이에 마땅히 지켜야 할 도리
	부위자강(父爲子綱)	어버이와 자식 사이에 마땅히 지켜야 할 도리
	부위부강(夫爲婦綱)	남편과 아내 사이에 마땅히 지켜야 할 도리

오륜	군신유의(君臣有義)	임금과 신하 사이에는 의리가 있어야 한다.
	부자유친(父子有親)	아버지와 자식 사이에는 친함과 사랑이 있어야 한다.
	부부유별(夫婦有別)	부부 사이에는 서로 구별이 있어야 한다.
	장유유서(長幼有序)	어른과 아이 사이에는 차례와 질서가 있어야 한다.
	붕우유신(朋友有信)	친구 사이에는 믿음이 있어야 한다.

'삼강오륜'의 내용을 보면 상하 관계만을 강요하여 신하는 임금에게, 아들은 아버지에게, 아내는 남편에게, 아랫사람은 윗사람에게 무조건 복종하라는 것으로 이해하기 쉬워요. 그러나 반드시 상하 관계만을 엄격하게 만든 것은 아니랍니다. 임금은 임금답고, 신하는 신하답고, 아버지는 아버지답고, 아들은 아들다워야 비로소 임금, 신하, 아버지, 아들이 될 수 있다고 보는 것입니다. 만약 여러분도 동생이 있다면 형답게, 언니답게, 오빠답게, 누나답게 행동해야 진정한 윗사람이 될 수 있는 것이겠죠? 그러기 위해서는 각자의 처지에서 많은 노력을 해야 해요. 유교에서는 이렇게 자신의 지위에 맞는 행동을 하고 마음가짐을 가져야 사회가 아름답고 살기 좋은 곳이 된다고 믿었답니다.

이런 책도 있어요

모리 히로미, 『나의 첫 인생 수업』, 휴이넘, 2012
애니 폭스, 『나는 왜 진짜친구가 없을까?』, 뜨인돌출판사, 2015
윤소이, 『특별한 나를 만드는 7가지 동화』, 주니어김영사, 2008

자유롭게 그려요! **창의력 테스트**

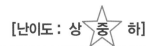

✱ 자서전은 자신의 일생을 소재로 스스로 짓거나 남에게 전달하여 쓰게 한 전기를 말해요. 50년 뒤, 멋지게 꿈을 이룬 여러분의 자서전은 어떤 책이 될까요? 미래의 내 삶을 상상하며 제목을 짓고, 표지도 디자인해 보세요.

• 정답은 가이드북 13쪽을 확인하세요.

4주

수필 인문, 철학

⭐ 독서논술계획표

❯ 다음 단계에 맞게 공부한 날짜를 쓰세요.

읽기 전			읽는 중			읽은 후		
생각 열기	월	일	생각 쌓기	월	일	생각 정리	월	일
낱말 탐구	월	일	내용 확인	월	일	생각 넓히기	월	일

독서 노트	월	일

* 하늘에서 내려온 아이

* 선아가 겪은 일

1 우리 가족의 이름을 쓰고, 이웃들은 우리 가족을 무엇이라고 부르는지, 그렇게 부르는 까닭은 무엇인지도 쓰세요.

• • •
우리 가족 구성원은 각자 자신의 이름을 가지고 있지만, 이웃들은 우리가족을 이름이 아닌 다른 호칭으로 부를 수도 있다는 점을 생각해 보세요.

우리 가족 이름   이웃들이 부를 때

나   나

이웃들이 그렇게 부르는 까닭

2 '죽음'에 대하여 생각해 보고, 다음과 같이 떠오르는 것들을 생각나는 대로 빈칸에 알맞게 쓰세요.

•••
'죽음'에 대하여 자신이 기억하고 있거나 머릿속에 떠오르는 것들을 서로 관련지어 자유롭게 나타내 보세요.

다음과 같이 마음속에 지도를 그리듯 생각의 가지를 넓히는 활동을 '마인드맵'이라고 해.

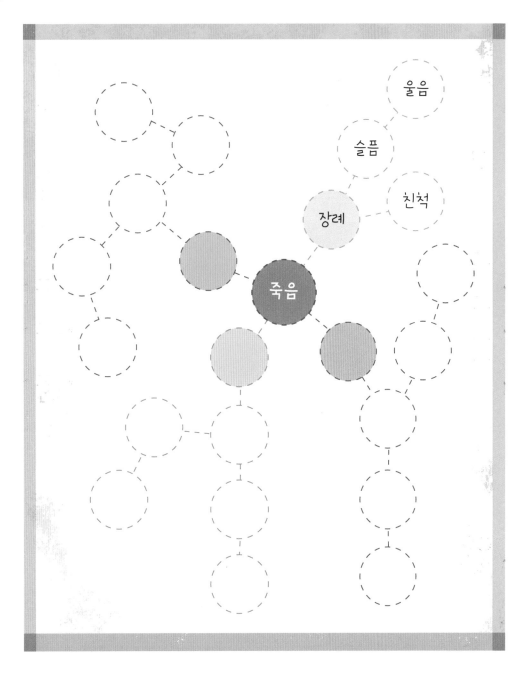

1 다음에서 설명하는 내용을 잘 읽고, 베틀의 각 부분에 해당하는 낱말을 그림에서 찾아 빈칸에 알맞은 번호를 쓰세요.

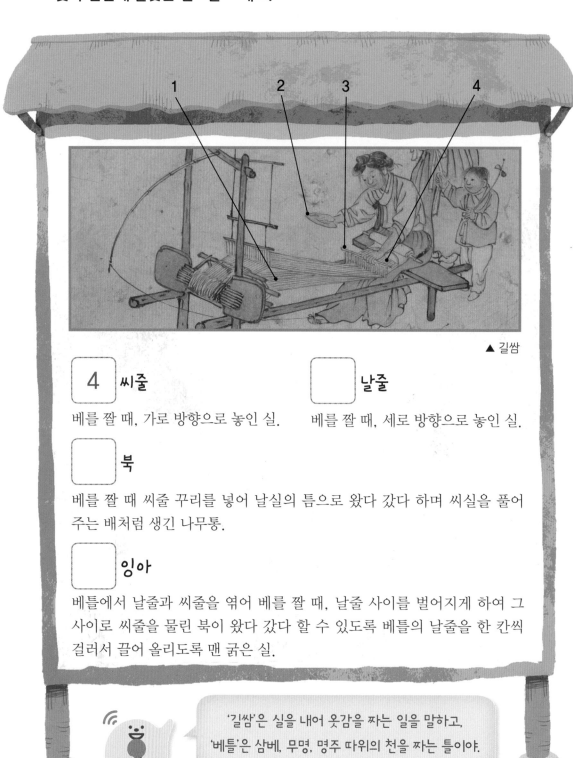

▲ 길쌈

| 4 | 씨줄 |

베를 짤 때, 가로 방향으로 놓인 실.

| | 날줄 |

베를 짤 때, 세로 방향으로 놓인 실.

| | 북 |

베를 짤 때 씨줄 꾸리를 넣어 날실의 틈으로 왔다 갔다 하며 씨실을 풀어 주는 배처럼 생긴 나무통.

| | 잉아 |

베틀에서 날줄과 씨줄을 엮어 베를 짤 때, 날줄 사이를 벌어지게 하여 그 사이로 씨줄을 물린 북이 왔다 갔다 할 수 있도록 베틀의 날줄을 한 칸씩 걸러서 끌어 올리도록 맨 굵은 실.

'길쌈'은 실을 내어 옷감을 짜는 일을 말하고, '베틀'은 삼베, 무명, 명주 따위의 천을 짜는 틀이야.

2 주어진 문장의 일부분을 잘 살펴보고, 빈칸에 들어갈 알맞은 낱말을 보기에서 찾아 쓰세요.

보기　　　　신다　　　타다　　　짓다　　　부르다
　　　　　　따르다　　　뜨다　　　재다　　　묻다

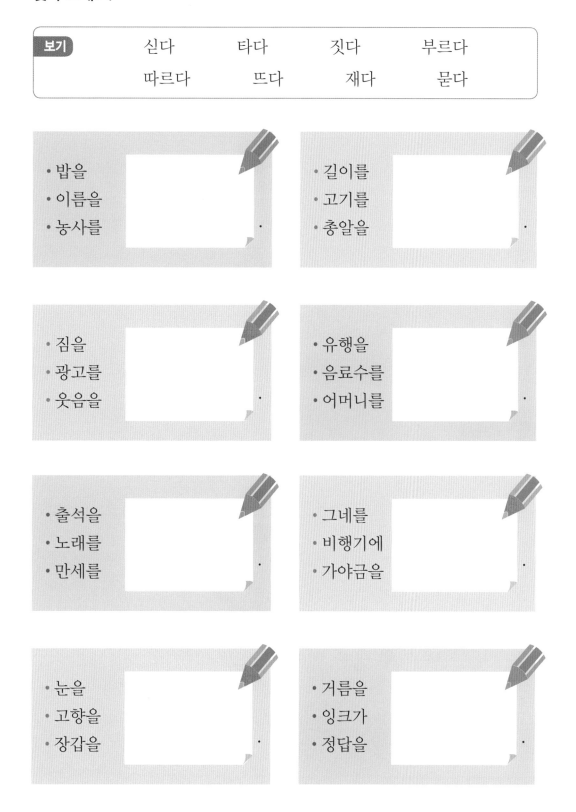

- 밥을
- 이름을
- 농사를

- 길이를
- 고기를
- 총알을

- 짐을
- 광고를
- 웃음을

- 유행을
- 음료수를
- 어머니를

- 출석을
- 노래를
- 만세를

- 그네를
- 비행기에
- 가야금을

- 눈을
- 고향을
- 장갑을

- 거름을
- 잉크가
- 정답을

생각 쌓기   ❶ 자신이 얼마나 소중한 존재인지 생각하며 읽어 보세요.

하늘에서 내려온 아이

나는 다른 수많은 아이들과 함께 하늘 나라에 살고 있었습니다. 우리들은 아래 세상을 향해서 바람을 내뿜기도 하고, 하얀 눈송이를 떨어뜨리기도 하고, 비를 뿌리기도 했습니다. 그런 장난이 싫증 나면 하얀 구름 위에 몸을 싣고 이리저리 떠돌며 세상 구경을 하기도 했습니다.

하늘 나라에서 보기에 세상은 참으로 아름다웠습니다. 그래서 어떤 아이들은 하늘에서 세상으로 내리 뻗친 무지개 미끄럼틀을 타고 곧장 세상으로 미끄러져 내려가기도 했습니다.

세상에는 높은 산들이 솟아 있고, 넓은 바다가 출렁거리고 있었습니다. 그 산 너머 바다 건너에는 사람들이 마을을 이루고 행복하게 살고 있었습니다.

나도 그 세상으로 내려가고 싶었습니다.

'저 아래 세상에 내려가 살면 정말 신날 거야.'

✦**내리:** 위에서 아래로.
✦**출렁거리고:** 물 따위가 큰 물결을 이루며 자꾸 흔들리고.

나는 마침내, 내가 내려가서 살 곳을 찾아냈습니다. 결혼한 지 몇 년 안 되는 어느 마음씨 착한 부부가 사는 집이었습니다.

내가 세상에 태어나자, 그분들은 나를 크게 반겨 주셨습니다. 포대기에 싸인 나를 끌어안고 기뻐서 어쩔 줄 몰라 하셨습니다. 바로 그분들이 나의 아버지와 어머니가 되셨습니다.

"동그란 두 눈이 당신을 닮았나 봐요."

"입술은 당신을 닮았는걸."

할아버지와 할머니 그리고 외할아버지와 외할머니께서도 찾아오셔서 몹시 기뻐하셨습니다. 할아버지께서는 손자인 내 이름을 '우인'이라고 지으셨습니다.

나는 아버지와 어머니의 사랑을 듬뿍 받으며 아무 탈 없이 잘 자랐습니다. 엉금엉금 기어 다니다가 곧 뒤뚱거리며 걸음마를 시작했습니다.

"우인이가 벌써 걸으려나 봐요."

어머니께서는 아버지에게 나를 안겨 주시며 대견해하셨습니다.

 한줄톡! 하늘 나라에 살고 있던 '나'는 어느 마음씨 착한 부부가 사는 집으로 내려와 ❶＿＿＿＿＿＿＿(이)라는 이름으로 살게 되었습니다.

아버지와 어머니께서는 하루에도 수십 번씩 내 이름을 부르셨습니다.

"우인이 아빠."

"우인이 엄마."

이웃 사람들이 할아버지와 할머니, 아버지와 어머니를 부를 때에도 꼭 내 이름을 먼저 부르셨습니다.

"우인이 할아버지."

"우인이 할머니."

"우인이 아버지."

"우인이 어머니."

그뿐만이 아니었습니다.

우인이 삼촌, 우인이 고모, 우인이 외삼촌, 우인이 이모……. 전에는 아버지와 어머니가 부르기에＊서먹서먹했던 사람들도 우인이라는 내 이름만 앞에 갖다 붙이면 갑자기 사이가 가까워졌습니다. 마치 내 이름은 멀리 떨어져 있는 사람들을 가깝게 만드는 요술쟁이 같았습니다.

＊**서먹서먹했던**: 낯이 설거나 친하지 아니하여 자꾸 어색했던.

내가 학교에 입학했을 때 아버지, 어머니께서는 처음 만나는 선생님과 친구들에게도 내 이름을 앞에 붙이셨습니다.

"우인이 선생님!"

"우인이 친구야!"

내가 사용하는 책, 공책도 그랬습니다. 우인이 책, 우인이 공책……. 내가 가지고 다니는 가방, 내가 가지고 노는 장난감도 마찬가지입니다.

우인이 가방, 우인이 장난감, 심지어는 학교 뒤에 있는 산을 부를 때도 '우인이 학교 뒤에 있는 산'이라고 하셨습니다. 아직 들어 보지는 못했지만, 아마 어머니, 아버지께서 해와 달을 가리킬 때도 내 이름을 붙여 부르실지도 모르겠습니다.

 한줄톡! '내' 주변의 모든 사람들, '내'가 쓰는 물건들, 심지어는 학교 뒷산에까지도 ❷_____ 을/를 앞에 붙여 불렀습니다.

어느새 나는 5학년이 되었습니다. 나는 가끔 이런 생각을 합니다.

내가 세상에 태어나지 않았다면 어떠하였을까? 아버지와 어머니께서는 이 세상 모든 것을 무엇이라 부르셨을까? 내가 없는 세상은 정말 쓸쓸하고 외로 웠을 것 같습니다.

나는 내가 이 세상에 오기를 무척 잘했다는 생각이 들었습니다.

내가 움직이면 나와 관련된 아버지와 어머니, 할아버지와 할머니 그리고 외할아버지와 외할머니께서도 따라 움직이시는 것이었습니다.

그러므로 나는 씨줄과 날줄을 맺어 주는, 베틀 속의 잉아와 같았습니다. 내가 움직일 때마다 고운 [✦]베가 짜이는 것입니다.

처음 내가 하늘 나라에 살고 있을 때를 생각해 봅니다. 나는 그때, 내가 세상에 내려가고 싶다는 생각만 했지, 나 때문에 세상이 이렇게 달라지리라고 생각하지 못했습니다.

나는 [✦]이따금 마당에 나가 밤하늘의 별들을 쳐다봅니다. 별들도 나를 통해 서로 빛을 반짝이는 것 같습니다.

문밖에서 어머니를 부르는 소리가 들립니다.

"우인이 어머니 계세요?"

이웃집 선아 어머니의 목소리입니다.

 한줄톡! '나'는 씨줄과 날줄을 맺어 주는, 베틀 속의 ❸_____ 과/와 같습니다.

✦베: 삼실, 무명실, 명주실 따위로 짠, 아직 끊지 아니한 천.
✦이따금: 얼마쯤씩 있다가 가끔.

선아가 겪은 일

우리 집 바둑이가 새끼를 낳았습니다.

"선아야, 어서 일어나서 마당으로 나와 봐라. 바둑이가 아침에 예쁜 강아지를 낳았단다."

어머니께서 부르시는 소리에 나는 얼른 마당으로 뛰어나갔습니다.

'한 마리, 두 마리⋯⋯.'

바둑이가 낳은 강아지는 모두 네 마리였습니다.

강아지들은 아직 눈도 뜨지 못했고, 걷지도 못하였습니다. 배를 깔고 엎드린 채로 어미의 젖이 있는 곳으로 머리를 쑤셔 박고만 있었습니다.

바둑이는 지친 표정으로 나를 한 번 쳐다보고는 다시 새끼들을 핥아 주었습니다.

 한줄톡! 우리 집 바둑이가 ❹_____을/를 네 마리 낳았습니다.

아침을 먹기 위해 식탁에 둘러앉았을 때, 나는 궁금하던 것을 아버지께 여쭈어 보았습니다.

"참 신기해요, 아버지. 강아지들은 어떻게 가르쳐 주지도 않았는데 젖을 빨아 먹는지 모르겠어요. 그리고 바둑이는 어디서 강아지들을 돌보는 법을 배웠을까요?"

"생명이 있는 것들은 모두 살아갈 수 있는 능력을 가지고 태어난단다."

아버지의 말씀을 듣고, 나는 생각에 잠겼습니다.

'정말 신비로운 일이야. 사람에게도 과연 그런 능력이 있을까?'

"얘, 너 그러다가 아무래도 학교에 늦겠다. 빨리 준비하고 가야지."

어머니의 말씀에 나는 더 여쭈어보지 못하고 일어섰습니다.

✦ **잠겼습니다:** 어떤 한 가지 일이나 생각에 열중했습니다.
✦ **신비로운:** 사람의 힘이나 지혜가 미치지 못할 정도로 신기하고 묘한 느낌이 있는.

바둑이가 새끼를 낳은 지도 일주일이 지났습니다.

어제는 한 마리만 눈을 반쯤 뜨고 있었는데, 오늘 아침에 보니 두 마리가 더 눈을 떴습니다.

그런데 아직 눈을 뜨지 못한 한 마리는 별로 움직이지도 않고, 다른 새끼들처럼 어미 젖을 찾아 파고들지도 못했습니다. 다른 새끼들 틈에 끼여서 이리저리 밀리기만 할 뿐, 기운도 없어 보였습니다. 내가 두 손으로 꺼내서 땅바닥에 내려놓아도 그냥 엎드린 채 가만히 있었습니다.

"아버지, 이 강아지는 어디가 아픈가 봐요. 젖을 빨지도 않고 움직이지도 않아요."

하고 말씀드렸더니, 아버지께서는

"그래? 어디 보자."

하시며 강아지를 자세히 살펴보셨습니다.

"정말 어디 아픈가 보다. 기운이 하나도 없어 보이는구나. 어서 동물 병원에 데려가 봐야겠다."

아버지께서 다시 나를 바라보시며 말씀하셨습니다.

나는 아버지와 함께 강아지를 데리고 가까운 동물 병원에 갔습니다. 수의사 선생님께서는 체온계로 강아지의 체온을 재어 보고, 청진기로 이곳저곳 진찰하시더니, "어렵겠는데요." 하면서 고개를 저으셨습니다.

 한줄톡! 강아지 한 마리가 ⑤ _____ 것 같아 동물 병원에 데려갔습니다.

"이 강아지가 죽게 되나요? 살릴 수는 없나요, 선생님?"

"글쎄, 이 강아지는 왜 그런지 약하게 태어났구나. 젖을 잘 빨아 먹어야 하는데, 그러지 못하니 살기가 어렵겠어."

수의사 선생님께서도 측은한 표정을 지으셨습니다.

나는 눈물이 나오려고 했습니다.

"어떻게 살릴 방법이 없을까요?"

아버지께서도 안타깝게 물어보셨습니다.

"제가 할 수 있는 한 최선을 다해 보겠습니다만……."

수의사 선생님께서는 그렇게 말하며 강아지한테 약을 먹이고 주사를 놓으셨습니다. 강아지는 아프지도 않은지 가만히 있었습니다.

집으로 돌아온 나는 강아지가 불쌍하다는 생각 때문에 바깥에도 나가지 않고 바둑이 집 앞에 앉아 있었습니다. 바둑이도 그 강아지가 불쌍하다는 생각 때문인지 바깥에도 나가지 않고 자기 집 앞에 앉아 있었습니다.

방에 들어와 숙제를 하고 저녁에 다시 나가 보았더니, 그 사이에 강아지는 죽어 있었습니다.

"어머니, 강아지가 죽었어요."

나는 울먹이며 어머니께 말씀드렸습니다.

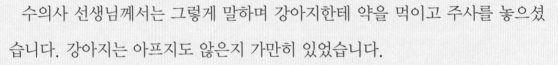

✦측은한: 가엾고 불쌍한.
✦울먹이며: 울상이 되어 자꾸 울음이 터져 나오려고 하며.

"쯧쯧, 그 불쌍한 것이 기어이 죽고 말았구나. 타고난 제 명이 그러니 어쩔 수 없는 일이지."

어머니께서 말씀하셨습니다. 아버지께서도 한마디를 하셨습니다.

"안됐구나, 선아야. 생명은 귀중한 것이니, 나머지 새끼들이라도 건강하게 자랄 수 있게 잘 돌보아 주도록 하자."

아버지께서는 죽은 강아지를 흰 종이에 정성껏 싸셨습니다. 아버지와 나는 강아지를 묻기 위해 뒷동산에 올라갔습니다.

바둑이가 대문까지 쫓아 나와, 강아지를 어디로 데려가느냐는 듯이 나를 쳐다보았습니다. 그래서 그런지 바둑이의 눈에 눈물이 괸 듯 보이기도 했습니다.

나는 아버지와 함께 양지바른 곳에 구덩이를 조그맣게 파고 강아지를 묻어 주었습니다.

"아버지, 죽는다는 게 뭐예요?"

나는 강아지가 묻혀 있는 곳을 바라보며 아버지께 물었습니다. 나도 모르게 눈물이 나왔습니다.

 아버지와 '나'는 뒷동산에 올라가 양지바른 곳에 죽은 강아지를 ❻ _____ 주었습니다.

하늘에서 내려온 아이

1 하늘 나라에서 보기에 세상은 어떠했나요? (   )

① 변화무쌍하다.   ② 낯설고 두렵다.

③ 아름답고 행복하다.   ④ 어지럽고 복잡하다.

2 우인이에 대한 설명으로 알맞지 <u>않은</u> 것의 기호를 쓰세요.

㉠ 가족들의 사랑을 듬뿍 받으며 자랐다.

㉡ 할아버지께서 직접 이름을 지어 주셨다.

㉢ 마음씨 착한 부부의 아들로 세상에 태어났다.

㉣ 하늘 나라에서 세상으로 내려가는 것을 원하지 않았다.

3 우인이는 멀리 떨어져 있는 사람들을 가깝게 만드는 자신의 이름이 무엇과 같다고 생각하였는지 쓰세요.

4 다음 문장은 무엇을 뜻하는지 알맞은 것에 ○표 하세요.

우인이가 움직일 때마다 고운 베가 짜이는 것이다.

(1) 우인이가 다니는 곳마다 사람들이 몰려온다는 뜻 (   )

(2) 우인이를 중심으로 사람들 사이에 관계가 맺어진다는 뜻 (   )

(3) 우인이가 성격이 좋아서 주변 사람들과 금방 친해진다는 뜻 (   )

선아가 겪은 일

5 선아가 바둑이가 낳은 강아지들을 보며 신기하게 생각한 점을 두 가지 고르세요.

(   )

① 강아지들의 생김새는 왜 비슷할까?

② 바둑이는 네 마리의 강아지들을 언제 낳았을까?

③ 강아지들은 젖을 빨아 먹는 법을 어떻게 알았을까?

④ 바둑이는 어디서 강아지들을 돌보는 법을 배웠을까?

6 바둑이가 낳은, 아픈 강아지의 상태로 알맞은 것에 모두 ○표 하세요.

⑴ 끙끙거리며 두 눈을 끔벅였다. (   )

⑵ 어미 젖을 찾아 파고들지 못했다. (   )

⑶ 땅바닥에 그냥 엎드린 채 가만히 있었다. (   )

7 선아와 아버지, 수의사 선생님께서 아픈 강아지를 돌보며 느꼈을 마음으로 알맞지 <u>않은</u> 것은 무엇인가요? (   )

① 측은한 마음   ② 부끄러운 마음

③ 안타까운 마음   ④ 걱정스러운 마음

8 선아가 바둑이와 강아지들의 모습을 통해 무엇을 생각하거나 느꼈을지 알맞은 것을 모두 고르세요. (   )

① 죽음의 의미   ② 삶의 즐거움

③ 생명의 귀중함   ④ 생명의 신비로움

생각 정리

1 일이 일어난 차례를 생각하며 빈칸에 알맞은 말을 쓰세요.

하늘에서 내려온 아이

[　　　]에 살고 있었을 때	나는 [　　　　　　　　　　] (으)로 내려가고 싶었다.
세상에 태어났을 때	부모님께서 크게 반겨 주셨고, 할아버지와 할머니 그리고 외할아버지와 외할머니도 찾아와 기뻐하셨다.
'우인'이라는 이름이 생긴 뒤	이웃 사람들이 부모님을 부를 때에도 꼭 내 이름을 먼저 부르셨고, 내 이름만 앞에 갖다 붙이면 서먹했던 사람들도 갑자기 사이가 가까워졌다.
학교에 입학한 뒤	부모님께서는 선생님과 친구들, 나의 물건들, 학교 뒷산에까지 [　　　　　　].
[　　　]이/가 된 뒤	내가 없는 이 세상은 쓸쓸하고 외로웠을 것 같고, [　　　　　　　　　　　　](라)고 생각했다.

선아가 겪은 일

① 바둑이가 예쁜 강아지 네 마리를 낳았는데, 강아지들이 젖을 빠는 것과 바둑이가 ⬚

이/가 참 신비롭게 느껴졌다.

② 바둑이가 새끼를 낳은 지 일주일이 지났을 때, 아직 눈을 뜨지 못한 한 마리는 ⬚ .

③ 나는 아버지와 강아지를 데리고 동물 병원에 갔는데, 수의사 선생님께서는 ⬚

(이)라고 말씀하셨다.

④ 집으로 돌아온 뒤, 내가 숙제를 하고 저녁에 밖에 나가 보니 그 사이에 ⬚ .

⑤ 새끼를 잃은 바둑이가 슬퍼 보였고, 나는 아버지와 함께 뒷동산 양지바른 곳에 강아지를 묻어 주며 눈물을 흘렸다.

1 『하늘에서 내려온 아이』에서 우인이는 자신을 통해 세상이 달라진 것을 베와 베틀에 빗대어 비유적으로 표현했어요. 무엇을 어떻게 비유하였는지 빈 칸에 알맞은 말을 쓰세요.

●●●
우인이가 어떤 대상을 무엇에 비유했는지, 그렇게 비유한 대상의 특징은 무엇인지 잘 생각해 보세요.

베 | 서로 이어지고 맺어져 있다. | 친척들, 이웃

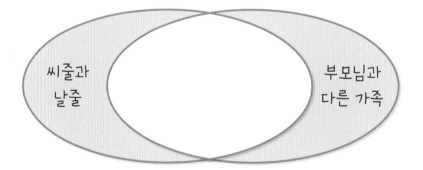

베틀 | 서로 이어지고 맺어지게 되는 곳 | 세상

씨줄과 날줄 | | 부모님과 다른 가족

이렇게 표현하고자 하는 대상을 다른 것에 빗대어 표현하는 것을 '비유법'이라고 해.

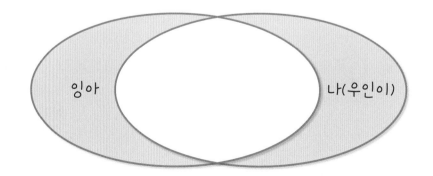

잉아 | | 나(우인이)

2 『선아가 겪은 일』에서 선아는 강아지를 묻어 주고, 아버지께 죽는다는 게 무엇인지 물었어요. 아버지는 선아의 물음에 어떤 대답을 하셨을지 빈칸에 이어질 내용을 쓰세요.

소중한 무엇인가를 잃은 사람에게 어떤 말이 위로가 될 수 있을지 떠올리고, 자신이 생각한 '죽음'의 의미를 정리해 보세요.

선아에게

　선아야, 네가 얼마나 마음 아파할지 잘 안다. 하지만 너무 슬퍼하지 않았으면 좋겠구나. 생명이 있는 것은 모두 언젠가 죽게 마련이란다. 죽는다는 게 무엇인지 물었지?
　죽는다는 것은 어쩌면,

20○○년 ○○월 ○○일
아빠가

3 우인이와 선아네 가족이 각각 어떤 관계로 이어지는지 살펴보고, 앞으로 우인이와 선아가 친척이 될 수 있는 방법은 무엇일지 생각하여 쓰세요.

가계도를 잘 살펴보고 우인이네 가족과 선아네 가족의 어떤 사람끼리 연결될 때 서로 친척이 될 수 있을지 생각해 보세요.

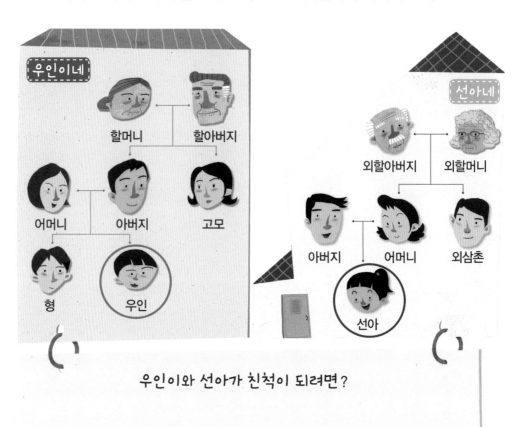

우인이와 선아가 친척이 되려면?

자기의 혈족이나 혼인 관계를 통해 혈연적으로 관계가 있는 일정한 범위의 사람들을 '친척'이라고 해. 결혼과 출산의 과정을 통해 다양한 사람들과 친척 관계를 맺게 돼.

4 다음 낱말을 국어사전에서 찾아 그 뜻을 쓰고, 주어진 물음에 대한 내 생각을 정리하여 쓰세요.

●●●
'태어나다', '죽다'의 사전적 의미를 살펴보고 생명의 탄생과 죽음에 대하여 좀 더 깊이 있게 생각해 보세요.

태어나다

'태어나다'를 국어사전에서 찾아 그 뜻을 써 보세요.

어머니의 몸을 빌어 세상에 나오는 것을 '태어난다' 라고 합니다. 그렇다면 우리는 어디서 온 것일까요?

'죽다'를 국어사전에서 찾아 그 뜻을 써 보세요.

죽다

사람이 목숨을 다해 죽는 것을 '돌아간다'라고 합니다. 이때 돌아간다는 말은 어디로 간다는 것일까요?

생명 존중의 가치 – 인권과 동물권

우리는 모두 인간으로 태어났지만 저마다 외모나 교육 정도, 사는 형편 등이 달라요. 하지만 우리 모두가 마땅히 누려야 할 권리가 있지요. 그것이 바로 인권(人權)이에요. 인권은 인간이기에 태어나면서 가지게 되는 기본적인 권리일 뿐만 아니라, 인간다운 삶을 살기 위해서도 꼭 필요하답니다.

▲ 인권을 강조한 포스터

인간은 누구나 자유롭고 존엄한 존재예요. 하지만 우리 주변에는 아직도 외모나 인종, 성별, 장애, 재산, 국적 등을 이유로 인권이 무시되는 경우가 많아요. 그래서 우리는 소중한 인권이 보호받을 수 있도록 다 함께 노력해야 해요.

▲ 동물권을 강조한 포스터

요즘은 반려동물을 키우며 정서적 교감을 나누는 사람들이 점점 늘어나고 있어요. 그래서 인간에게 인권이 있듯이, 동물도 고통을 피하고 학대당하지 않을 권리를 지니고 있다는 목소리가 점차 커지고 있어요. 이것을 동물권(動物權)이라고 해요. 지구상에 존재하는 모든 동물이 인간처럼 소중한 생명으로 받아들여져야 하고, 동물이 돈의 가치로, 음식으로, 옷의 재료로, 실험 도구로, 오락을 위한 수단으로 쓰여서는 안 된다는 것이에요.

동물은 지구상에서 인간과 공존하는 생명체랍니다. 우리는 함께 살아가는 동물을 존중하는 마음을 갖고, 동물이 우리가 보호해 주어야 하는 대상이라는 것을 항상 생각해야 해요.

이런 책도 있어요

한정영, 『굿모닝, 굿모닝?』, 미래아이, 2010
토마 라바셰리, 『나의 초록색 가족』, 씨드북, 2018
하나가타 미쓰루, 『최악의 짝꿍』, 주니어김영사, 2008

쉬어가기

재미로 보는 **심리 테스트**

 [적중률 : 상   중   하]

✹ 여러분은 시간이 날 때 주로 무엇을 하나요? 다음 중 가장 마음에 드는 여가 활동 한 가지를 골라 보세요.

① 혼자 산책하며 풍경 사진 찍기

② 가족과 함께 공원 소풍 가기

③ 단짝 친구와 밤새 수다 떨기

④ 반 친구들과 신나는 야외 활동 하기

● 결과는 가이드북 13쪽을 확인하세요.

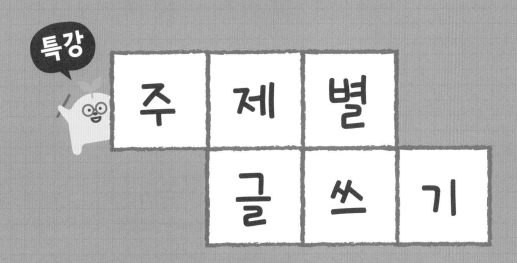

特강

주제별 글쓰기

주제 ❶ 어린이 보호 구역 내 교통사고를 줄이려면 어떻게 해야 할까?

가 40대 A씨 어린이 보호 구역에서 과속으로 어린이 치어

어린이 보호 구역 내에서 또다시 어린이 교통사고가 발생했다.

경찰에 따르면 지난 3월 27일 ○○시의 한 초등학교 앞 어린이 보호 구역 도로상에서 11세 어린이가 A씨가 운전하던 차량에 치이는 사고가 발생했다.

사고를 조사한 경찰은 사고 차량이 당시 시속 49㎞로 과속한 것을 밝혀내고 A씨에게 벌금 500만 원을 부과했다. 이는 어린이 보호 구역 내 과속 단속 카메라, 과속 방지 턱, 신호등의 설치를 의무화하고, 어린이 보호 구역 내에서 부주의로 인해 어린이가 죽거나 다치는 사고를 일으킨 운전자는 처벌을 강화한다는 내용의 민식이법을 적용한 것이다.

피해 어린이는 팔을 크게 다쳐서 6주 가량 치료를 받아야 하는 것으로 알려졌다.

경찰 관계자는 "어린이 보호 구역에서는 규정 속도를 준수하고 충분한 주의를 기울여 달라."라고 당부했다.

20○○년 ○○월 ○○일 ○○일보

나 어린이 보호 구역 내 교통사고로 목숨을 잃는 어린이 늘어나

어린이 보호 구역(스쿨 존)에서 일어난 교통사고로 인해 해마다 많은 어린이가 목숨을 잃거나 부상을 당하고 있다.

도로 교통 공단이 발표한 '스쿨 존 내 어린이 교통사고 발생 현황'을 살펴보면 최근 4년간 어린이 보호 구역에서 1,961건의 사고가 발생하였다. 그 결과 25명의 어린이가 사망했고, 부상자도 2,059명에 달하는 것으로 나타났다.

연도별 사고 건수는 2016년 480건, 2017년 479건, 2018년 435건으로 감소 추세였으나, 2019년 567건으로 크게 늘었다.

구분	사고(건)	사망자 수(명)	부상자 수(명)
2016년	480	8	510
2017년	479	8	487
2018년	435	3	473
2019년	567	6	589
합계	1,961	25	2,059

최근 4년간(2016년~2019년) 스쿨 존 내 어린이 교통사고 발생 현황, 연도별

지역별로는 경기 415건, 서울 368건, 부산 187건, 인천 121건, 대구 103건 순으로 많았다. 특히 경기(415건, 21.16%)와 서울(368건, 18.76%) 지역의 사고 합산 비율이 39.92%에 달했다. 어린이 보호 구역 내 사고 10건 중 4건은 학교가 많은 경기와 서울 지역에서 발생한 셈이다.

　　어린이 보호 구역 내에서 발생한 어린이 교통사고의 원인은 과속이 14건, 중앙선 침범 20건, 신호 위반 334건, 안전거리 미확보가 7건, 보행자 보호 의무 위반이 796건 등으로 파악됐다.

20○○년 ○○월 ○○일 ○○일보

⁺과속: 자동차 따위의 주행 속도를 너무 빠르게 함. 또는 그 속도.

1 어린이 보호 구역에서 과속으로 인해 어린이를 다치게 한 A씨에게 적용한 민식이법은 무엇인지 쓰세요.

_____

_____

2 최근 4년간 어린이 보호 구역 내에서 발생한 어린이 교통사고 현황을 정리하여 쓰세요.

_____

_____

3 글 **가** 와 **나** 로 보아, 민식이법을 만든 까닭은 무엇이겠는지 쓰세요.

_____

_____

자료 읽고 생각 떠올리기 2

2000년 ○○월 ○○일 ○○신문

◆어린이 교통사고를 줄이기 위한 교통안전 시설 확충해야

경기 어린이 안전 학교 ○○○ 교장은 최근 스쿨 존 내 불법 주·정차 차량을 집중적으로 단속하고 있지만, 이것만으로는 어린이 교통사고 발생율을 낮추기에는 아직 부족하다고 지적했다.

○○○ 교장은 "운전자 처벌 강화만으로는 스쿨 존 내에서 발생하는 모든 사고를 예방하기는 어렵다. 어린이 보호 구역 내 과속 단속 카메라 확충, 구역별 속도 표지판 교체 등 교통안전 시설을 확충해야 한다."라고 말했다.

◆도로 교통 공단, 어린이 보호 구역 내 운전 조심 또 조심
　민식이법 바로 알기 및 어린이 보호 구역 안전 운전 수칙 포스터 공개

도로 교통 공단은 민식이법(어린이 보호 구역 관련 법 개정안)에 대한 올바른 이해를 돕기 위해 대국민 안내 포스터를 제작하여 공개했다. 이 포스터에는 어린이 교통사고 예방을 위해 운전자가 지켜야 할 안전 수칙이 쉽고 자세하게 설명되어 있다.

운전자는 어린이 보호 구역에서 보행자와 운전자가 서로를 못 볼 수 있으니 주·정차를 해서는 안 되고, 어린이가 도로로 갑자기 뛰어나올 수 있으므로 항상

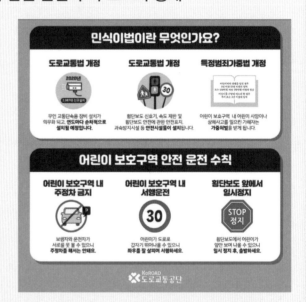

서행(시속 30㎞ 이하)해야 하며, 횡단보도 앞에서는 일시 정지한 뒤 주변 인도에 어린이가 없는지 확인해야 한다. 또한, 통행 시 어린이 통학 버스를 앞지르지 말아야 한다.

한편, 경찰청에서는 불법 주·정차 차량으로 인해 어린이 보호 구역 내에서 교통사고가 발생하는 경우가 많으므로 불법 주·정차 차량에 대한 주민 신고를 당부하기도 했다.

◆어린이와 보호자 역시 안전 수칙 반드시 지켜야

　어린이 보호 구역 내 어린이 교통사고를 예방하기 위해서는 운전자뿐만 아니라 어린이와 보호자 역시 안전 수칙을 반드시 지키는 것이 중요하다.

　어린이가 지켜야 할 안전 수칙에는 '무단 횡단 하지 않기, 횡단보도에서 일단 멈추고 좌우 살피기, 길을 건널 때는 차가 멈췄는지 확인한 뒤에 손 들고 건너기' 등이 있다.

　어린이의 보호자는 어린이에게 안전한 보행 방법을 지도하고, 자전거나 킥보드를 탈 때 보호대를 착용하게 해야 한다. 무엇보다 무단 횡단을 하지 않는 등 어린이의 모범이 되어야 한다.

✦**주차:** 자동차를 일정한 곳에 세워 둠.
✦**정차:** 차가 멎음. 또는 차를 멈춤. 특히 도로 교통법에서는 자동차가 5분을 초과하지 않고 멈추어 있는 상태를 말함.

4 경기 어린이 안전 학교 ○○○ 교장 선생님께서 어린이 보호 구역 내 어린이 교통사고를 줄이기 위해 강조한 내용은 무엇인지 쓰세요.

_____

_____

5 도로 교통 공단에서 운전자들에게 안내한 안전 운전 수칙 세 가지를 쓰세요.

_____

_____

6 교통사고를 예방하기 위해 어린이가 지켜야 할 안전 수칙을 쓰세요.

_____

_____

다양한 의견 알아보기

선영

어린이 보호 구역 내에서 발생하는 어린이 교통사고를 줄이기 위해서는 어떻게 해야 할까?

요즈음 빨리 달리는 차들이 많아 위험해 보일 때가 있어. 그리고 주차 공간이 아닌데도 주차된 차들이 많아서 횡단보도를 건널 때 달려오는 차를 못 볼 때도 있어. 이렇게 과속을 하거나 불법으로 주·정차한 차량을 적극적으로 단속하고 지금보다 처벌을 강화해야 한다고 생각해. 그렇게 하면 운전자가 좀 더 주의를 기울이게 되고, 안전 수칙도 잘 지키게 될 것 같기 때문이야.

진우

모든 횡단보도에 신호등을 설치하고, 횡단보도가 있는 근처에 과속 방지턱을 만들면 좋을 것 같아. 이러한 교통안전 시설을 확충하면 보행자의 안전을 지키는 것은 물론이고 운전자 또한 안전하게 운전할 수 있어. 운전자나 보행자 모두를 교통사고로부터 좀 더 안전하게 지켜 줄 수 있지.

태영

어린이 교통사고를 방지하기 위해 교통안전 시설을 확충하고 운전자가 주의를 기울이는 것도 필요하지만, 무엇보다 어린이 스스로 안전 수칙을 반드시 지키는 것이 중요해. 모든 일이 그렇듯이 교통사고 또한 발생하기 전에 예방하는 것이 더 효과적이기 때문이야.

세윤

7 친구들은 무엇에 대하여 의견을 말하고 있는지 쓰세요.

_____

_____

8 친구들의 의견과 그 까닭을 간단히 정리해 보세요.

친구 이름	의견	까닭
진우		
태영		
세윤		

9 나는 어린이 보호 구역 내에서 발생하는 어린이 교통사고를 줄이려면 어떻게 해야 한다고 생각하는지 까닭을 들어 쓰세요.

_____

_____

_____

주제에 맞게 글 쓰기

1 처음 부분에 들어갈 내용을 간단히 정리해 보세요.

2 가운데 부분에 들어갈 내용을 간단히 정리해 보세요.

3 끝부분에 들어갈 내용을 간단히 정리해 보세요.

4 **1**~**3**에서 정리한 내용을 바탕으로 하여 글을 쓰세요.

주제 ❷ 동물원에서 살고 있는 동물들은 행복할까?

35년 동안 동물원에 갇혀 정신병 앓던 코끼리, 드디어 자유의 몸이 되다!

30여 년 동안 파키스탄의 비좁은 동물원에 살던 수컷 코끼리가 마침내 동물원에서 나와 자유의 몸이 되었다.

스리랑카에서 태어난 수컷 코끼리 카아반은 한 살 때 파키스탄의 동물원에 보내졌다. 40도가 넘는 더위에도 비좁은 우리 안에 갇힌 채 사슬에 묶여 있기 일쑤였다. 게다가 2012년에는 유일한 암컷 코끼리마저 잃은 채 혼자 우울하게 지냈다고 한다. 결국 오랜 세월 동안 고통을 겪은 카아반은 정신병으로 인해 고개를 계속 까딱이고 같은 자리를 맴도는 ⁺이상 증상을 보이기까지 했다. 이러한 카이반의 모습이 세상에 알려지면서 동물 보호 단체를 비롯한 수많은 사람들이 캠페인을 벌이기 시작했다.

이에 파키스탄 법원은 "동물도 신체적·정신적 건강을 해치는 상태를 벗어나 적절한 보호를 받아야 한다."라면서 카아반을 이동시킬 것을 명령했다.

마침내 카아반은 35년 동안 지내던 동물원을 벗어나 드넓은 캄보디아 보호 구역으로 ⁺이주하게 되었다.

2000년 00월 00일 00일보

⁺**이상:** 평소와는 다른 상태.　　　　　　⁺**이주하게:** 다른 곳으로 옮겨 머무르게.

1 수컷 코끼리 카아반이 35년 동안 동물원에서 겪은 일은 무엇인지 간추려 쓰세요.

_____

_____

2 동물 보호 단체들은 어떤 캠페인을 벌였을지 생각하여 쓰세요.

_____

학대받은 스트레스로 몸에 털 다 빠진 곰

　최근 남미에 있는 한 동물원에서 학대당한 곰의 사진이 공개돼 충격을 주고 있다. 자연에서 가족과 살던 콜리타는 어릴 때 밀렵꾼들한테 잡혀 서커스단에 팔려 갔다.

이후 콜리타는 20년 동안이나 온갖 훈련을 견디며 최소한의 먹이만을 먹은 채 조련사의 모진 매질에 시달리며 서커스 무대에 올랐다고 한다.

▲ 서커스 무대에 오른 곰
(본 사진은 사건과 직접적 연관은 없음.)

　국제 동물 보호 단체에 의해 구조되었을 당시, 콜리타의 이빨은 대부분 부러져 있었고 발톱도 빠진 상태였다. 더구나 극심한 스트레스로 인해 온몸을 덮고 있던 털도 모두 빠져 버려서 맨살을 드러내고 있었다.

20○○년 ○○월 ○○일 ○○일보

⁺**밀렵꾼:** 허가를 받지 않고 몰래 사냥하는 사람.

3 서커스 무대에 올랐던 20년 동안 곰 콜리타는 어떤 학대를 받았는지 쓰세요.

_____

_____

4 국제 동물 보호 단체에 의해 구조되었을 당시, 콜리타의 상태는 어떠했는지 쓰세요.

_____

_____

🌱 자료 읽고 생각 떠올리기 3

○○동물원에 새 식구 생겼어요
– 재규어 · 갈색꼬리감기원숭이 등이 잇따라 새끼 출산해

최근 ○○동물원에 잇단 경사가 생겼다. 재규어, 갈색꼬리감기원숭이 등이 잇따라 출산 소식을 전하고 있다.

출산 소식을 알린 첫 번째 동물은 '재규어'이다. 재규어는 국내 동물원 한두 곳 정도에서만 보유하고 있는 국제적 멸종 위기 동물이다. ○○동물원에서도 처음 태어난 암컷 1마리를 사육사들이 보살펴 생후 두 달을 무사히 넘겼다.

두 번째 동물은 '갈색꼬리감기원숭이'이다. 매년 한 마리씩 꼭 새끼를 낳고 있는 이 원숭이 부부는 올해도 어김없이 새끼를 한 마리 낳았다. 현재 사육사들의 세심한 보살핌을 받으며 무럭무럭 자라고 있다.

마지막 동물은 '무플론'이다. 매년 이른 봄에 새끼를 낳는 산양 무플론들은 올해도 새끼를 4마리 낳았다.

○○동물원장은 "생태 환경 개선과 사육 기술 향상으로 매년 새로운 희귀 동물들이 탄생하고 있다."라며 밝은 표정으로 말했다.

2○○○년 ○월 ○일 ○○일보

5 최근 ○○동물원에 생긴 잇단 경사는 무엇인지 쓰세요.

_____

_____

6 출산을 마친 어미와 갓 태어난 새끼들이 별 탈 없이 잘 자라고 있는 까닭은 무엇일지 쓰세요.

_____

_____

동물원은 자연과 동물에게 안식처가 되기도

급격한 인구 증가로 인해 동물의 서식지가 *택지와 *경작지로 바뀌고 있다. 터전을 빼앗긴 동물이 멸종 위기에 처했고 야생에서 멸종된 종도 한둘이 아니다.

동물원에는 멸종 위기 종이 많고, 외국 동물원에는 야생에서 멸종한 종도 있다. 동물원은 이런 멸종 위기 종을 보호할 수 있고, 야생에서 멸종한 종을 *번식시켜 복원함으로써 멸종을 막을 수도 있다. 이것이 바로 동물원이 존재해야 할 이유이다.

또, 동물원에 사는 동물들은 야생에서 사는 동물보다 좀 더 오래 생존한다. 예를 들어 야생에서 얼룩말은 20살, 하마는 40살까지 사는 데 비해, 동물원에서는 얼룩말이 최고 28살까지 살고, 하마는 최고 50살까지 산다. 동물원이 자유롭지 못해 안타깝기도 하지만 수명으로만 보면 동물원이 동물들에게는 대체로 좋은 환경이라고 할 수 있다.

*택지: 집을 지을 땅.　　*경작지: 갈아서 농사를 짓는 토지.　　*번식시켜: 붙고 늘어서 많이 퍼지게 하여.

7 동물들이 터전을 빼앗기고 멸종 위기에 닥친 까닭은 무엇인지 쓰세요.

_____

_____

8 동물원이 동물에게 필요한 까닭을 두 가지로 정리하여 쓰세요.

• _____

• _____

다양한 의견 알아보기

동물원에 가면 많은 동물을 만나 볼 수 있어. 이렇게 동물원에서 살고 있는 동물들은 과연 행복할까?

영인

누구나 자신이 태어난 곳을 더 편하게 느끼는데, 동물들의 고향은 인간이 인위적으로 만든 동물원이 아니라 자연이야. 그래서 나는 동물원에 갇혀 사는 동물보다는 야생에서 자유롭게 뛰어다니며 사는 동물이 더 행복할 거라고 생각해.

수진

위험한 야생에서 살다가 멸종 위기에 처하는 것보다 동물원에서 사는 게 행복하다고 생각해. 동물원 밖 자연은 다른 동물들의 위협이 언제나 도사리고 있는 곳이야. 하지만 동물원에는 위험한 일이 별로 없고 전문 지식을 갖춘 사육사들이 정성껏 동물을 보살펴 주기 때문이야.

성욱

동물은 동물원이 아니라 본래 태어난 곳인 야생에서 살아야 해. 사람들의 구경거리가 되어 각종 스트레스와 우울증에 시달리는 동물도 많이 있어. 그런 동물들을 보면 가엾고 불행해 보이기도 해.

정민

9 친구들은 무엇에 대하여 의견을 말하고 있는지 쓰세요.

_____

_____

10 친구들의 의견과 그 까닭을 간단히 정리해 보세요.

친구 이름	의견	까닭
수진		
성욱		
정민		

11 나는 동물원에 사는 동물들이 행복하다고 생각하는지 까닭을 들어 쓰세요.

_____

_____

_____

주제에 맞게 글 쓰기

1 처음 부분에 들어갈 내용을 간단히 정리해 보세요.

2 가운데 부분에 들어갈 내용을 간단히 정리해 보세요.

3 끝부분에 들어갈 내용을 간단히 정리해 보세요.

4 **1**~**3**에서 정리한 내용을 바탕으로 하여 글을 쓰세요.

글

2주 『아는 것과 실천하는 것』 | 도덕 5학년 | 국정교과서 | 1992년

　　『한 배에 탄 사람들』 | 생활의 길잡이 5-1 | 국정교과서 | 1990년

4주 『하늘에서 내려온 아이』 | 생활의 길잡이 5-1 | 국정교과서 | 1990년

　　『선아가 겪은 일』 | 도덕 5-1 | 국정교과서 | 1991년

그림

96쪽 「길쌈」 김홍도 | 국립중앙박물관

포스터

122쪽 민식이법 및 어린이 보호 구역 안전 운전 수칙 안내 포스터 도로교통공단

▶ 위에 제시되지 않은 사진이나 이미지는 사용료를 지불하고 셔터스톡 코리아에서 대여했음을 밝힙니다.

▶ 길벗스쿨은 이 책에 실린 모든 글과 사진의 출처를 찾기 위해 최선의 노력을 기울였습니다.
　저작권자를 찾지 못해 허락을 받지 못한 글과 사진은 저작권자가 확인되는 대로 통상의 사용료를 지불하겠습니다.

앗!

본책의 가이드북을 분실하셨나요?
길벗스쿨 홈페이지에 들어오시면
내려받으실 수 있습니다.

기적의
독서 논술

가이드북

11권

크리스마스 선물

읽기 전 생각 열기

16~17쪽

1 '크리스마스'는 어떤 날인지 생각하며 빈칸에 알맞은 내용을 쓰세요.

크리스마스는 어떤 날인가요?

예 아기 예수가 태어난 것을 기념하는 날

크리스마스에 선물을 주고 싶은 사람과 그 까닭을 써 보세요.

예 부모님, 그동안 베풀어 주신 사랑에 보답하기 위해서

크리스마스에 왜 선물을 하는 것일까요?

예 아기 예수의 탄생을 축복하고 서로 기쁨을 나누기 위해서

2 각각 팔과 다리를 다친 두 친구가 크리스마스에 선물을 주고받았어요. 친구들의 마음은 어떠할지 생각하며 빈칸에 알맞은 내용을 쓰세요.

팔을 다쳤는데 왜 글러브를 선물했을까?

다리를 다쳤는데 왜 신발을 선물했을까?

예 처음에는 당장 쓸 수 없는 것이라 실망했지만, 팔이 다 나은 후에 끼어 볼 생각으로 기뻤을 것 같다.

선물을 받은 친구들은 어떤 기분일까요?

예 다리를 다쳐서 걷기도 힘든데, 신발을 선물받아서 당황했을 것 같다.

예 빨리 나아서 다시 예전처럼 운동하라는 뜻이다.

선물에 담긴 뜻은 무엇일까요?

예 빨리 나아서 예쁜 신발을 신고 씩씩하게 걸어 다니라는 뜻이다.

✓ 그렇다. ☐ 아니다.

선물은 현명한 것이었을까요?

✓ 그렇다. ☐ 아니다.

해설

1 크리스마스는 아기 예수가 태어난 것을 기념하는 날로, 예로부터 크리스마스에는 선물을 주고받는 풍습이 있습니다.

2 선물을 받은 친구의 입장이 되어 어떤 마음이 들었을지 생각해 보고, 선물을 준 친구의 입장이 되어 왜 그런 선물을 했을지 생각해 봅니다. 두 친구의 입장을 고려해 보았을 때, 선물은 알맞은 것이었는지 생각해 봅니다. 그렇게 생각하는 까닭까지 정리해 보면 더 좋습니다.

읽기 전 낱말 탐구

18~19쪽

1 주어진 세 낱말을 살펴보고, 관계 있는 낱말을 보기 에서 찾아 빈칸에 쓰세요.

보기 문패 소굴 시샘 요령 터득 막무가내

시샘 — 시기 / 미움 / 질투

고집 / 융통성 / 억지 — 막무가내

문패 — 대문 / 주소 / 이름

일 / 수단 / 잔꾀 — 요령

터득 — 생각 / 이치 / 깨달음

도둑 / 무리 / 본거지 — 소굴

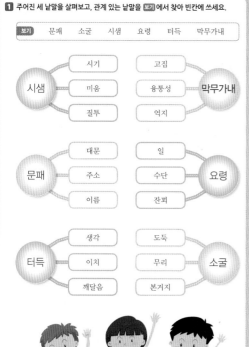

2 다음 문장을 읽고 빈칸에 알맞은 낱말을 보기 에서 찾아 쓰세요.

보기 엄두 정작 품격 고상한 남루한 양탄자

하루 종일 군것질만 하고 정작 밥은 한 끼도 먹지 못했다.

옷은 예쁘지만 가격이 너무 비싸서 살 엄두 이/가 나지 않았다.

찻잔을 가만히 들여다보니 고급스러운 품격 과/와 예술성이 느껴진다.

교장 선생님께서 미소를 지으신 채 고상한 말투로 말씀하셨다.

기다리던 합격 소식을 들으니 양탄자 을/를 타고 하늘을 나는 것 같은 기분이 들었다.

음식점 주인은 아저씨의 남루한 옷차림 때문에 아저씨가 돈이 없을지도 모른다고 생각했다.

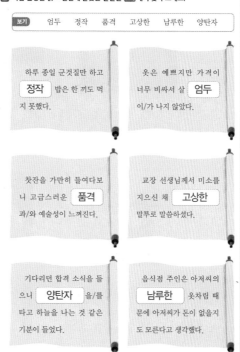

낱말 탐구

✦ **막무가내:** 달리 어찌할 수 없음.

✦ **문패:** 주소, 이름 따위를 적어서 대문 위나 옆에 붙이는 작은 패.

✦ **소굴:** 나쁜 짓을 하는 도둑이나 악한 따위의 무리가 활동의 본거지로 삼고 있는 곳.

✦ **엄두:** 감히 무엇을 하려는 마음을 먹음. 또는 그 마음.

✦ **고상하다:** 품위나 몸가짐의 수준이 높고 훌륭하다.

✦ **남루하다:** 옷 따위가 낡아 해지고 차림새가 너저분하다.

한줄톡! ❶ 크리스마스 ❷ 머리카락
❸ 금 시곗줄(시곗줄) ❹ 껴안아 ❺ 머리빗

30~31쪽

내용 확인 ❶ (1) ○ (2) ○ ❷ ④ ❸ (1) (할아버지로부터 물려받은) 금시계 (2) (아름답고 긴) 머리카락 ❹ ① ❺ ㉰ ❻ ④ ❼ (2) ○ ❽ (따뜻한, 깊은) 사랑

❶ 델러는 가게에서 물건을 살 때마다 한 푼 두 푼 깎아서 1달러 87센트를 모았고, 셋방살이를 하고 있습니다. 하지만 식료품 가게에서 일하고 있지는 않습니다.

❷ 델러는 크리스마스에 사랑하는 남편 짐에게 줄 선물을 살 돈이라고는 달랑 1달러 87센트뿐이어서 서러운 마음에 흐느껴 울었습니다.

❸ 짐과 델러에게는 자랑스럽고 소중한 보물이 하나씩 있었는데, 짐은 할아버지로부터 물려받은 금시계였고, 델러는 아름답고 긴 자신의 머리카락이었습니다.

❹ 델러는 짐을 생각하며 온 가게를 샅샅이 뒤지고 다니며 마음에 꼭 드는 선물을 찾아냈습니다. 이렇게 짐의 선물을 고르며 헤매는 시간만큼은 즐겁고 행복했을 것입니다.

❺ 델러는 짧은 곱슬머리로 변한 자신의 모습을 보고 자신에 대한 짐의 사랑이 변하면 어쩌나 걱정하는 마음이 들어 하느님께 기도를 드렸습니다.

❻ 집에 온 짐은 꼼짝 않고 서서 머리카락을 짧게 자른 델러의 모습을 묘한 표정으로 뚫어지게 바라보며 넋이 나간 사람처럼 굴었습니다.

❼ 짐은 델러의 크리스마스 선물을 사느라 자신의 소중한 시계를 팔았습니다. 그런데 델러가 시곗줄을 선물로 내밀자 어처구니없는 마음에 털썩 주저앉았습니다.

❽ 짐과 델러는 서로를 위해 자기가 가진 가장 소중하고 귀한 것을 팔아 버리고 말았지만, 서로에 대한 따뜻하고 깊은 사랑을 느낄 수 있었습니다.

❶ 『크리스마스 선물』에서 짐과 델러에게 일어난 일의 차례를 생각하면서 빈칸에 알맞은 말을 쓰세요.

① 크리스마스 전날, 델러는 짐에게 줄 크리스마스 선물 을/를 살 돈이 얼마 되지 않아 자신의 처지가 초라하게 느껴졌다.

② 델러는 마담 소프로니 가발 가게에 가서 (예) 자신의 머리카락을 팔았다.

③ 델러는 온 가게를 뒤지고 다녀 짐의 선물로 (예) 금 시곗줄을 샀다.

④ 델러는 엉망이 된 짧은 머리를 손질하고 걱정스러운 마음으로 짐이 오기를 기다렸다.

⑤ 집에 온 짐은 머리카락을 짧게 자른 델러를 (예) 짐작할 수 없는 이상한 눈길로 쳐다보았다.

⑥ 짐은 델러가 무척 갖고 싶어 했지만 사지 못한 (예) 머리빗을 선물로 주었다.

⑦ 델러는 시곗줄을 쥐고 있던 손을 짐에게 펴 보였다.

⑨ 짐은 소파에 주저앉아 웃기만 하다가 델러에게 (예) 크리스마스 선물은 잠시 잊어버리기 (으)로 하자고 말하였고, 두 사람은 서로를 끌어안으며 눈물을 글썽였다.

1 짐과 델러는 어떤 사람인지 평가해 보고, 그렇게 생각한 까닭을 쓰세요.

짐

델러

까닭	평가	항목	평가	까닭
초라한 시곗줄 때문에 시계를 꺼내 보는 것을 꺼린다.	○	자존심이 강하다.	△	'지독한 여자' 소리를 들으면서도 물건값을 깎지만 그것이 속상하다.
예 낡은 외투에 장갑도 없이 겨울을 나고 있다.	○	알뜰하다.	○	예 시장에서 물건을 살 때마다 깎아서 돈을 모은다.
예 델러의 머리 모양이 어떻게 변하든 사랑하는 마음에 변함이 없다.	○	상대를 사랑한다.	○	예 짐을 생각하며 즐거워하고 선물을 주고 싶어 한다.
예 아끼던 시계를 델러의 머리빗을 사기 위해 팔았다.	○	상대를 위해 희생한다.	○	예 짐의 선물을 사기 위해 자신이 아끼는 머리카락을 잘랐다.
예 아끼던 물건을 델러를 위해 과감히 팔았다.	×	우유부단하다.	×	예 머리카락을 팔기로 하는 데 오래 망설이지 않았다.

2 다음과 같은 사건이 일어났을 때 나는 어떤 생각이나 느낌이 들었는지 빈칸에 알맞은 말을 쓰세요.

일어난 사건	그때의 내 생각이나 느낌
델러는 내일이 크리스마스인데 가진 것이 1달러 87센트밖에 없는 자신의 처지가 초라하여 서러운 마음에 흐느껴 울었다.	예 델러가 불쌍했다.
델러가 마담 소프로니 가발 가게에 가서 자신의 길고 아름다운 머리카락을 잘라 팔았다.	예 델러의 처지가 안타깝고 속상했다.
집으로 돌아온 짐은 넋 나간 사람처럼 델러를 뚫어지게 바라보았다.	예 짐의 마음이 느껴져 허탈했다.
델러는 무척 갖고 싶어 하던 머리빗을 크리스마스 선물로 받았다.	예 머리빗이 필요 없어진 상황이라 슬펐다.
짐은 델러가 선물로 준 시곗줄을 보며 그저 빙긋 웃기만 했다.	예 필요 없어진 선물을 주고받는 상황이 어처구니없었다.
짐과 델러는 서로를 끌어안고 눈물을 글썽였다.	예 서로에 대한 사랑이 아름답게 느껴졌다.

3 델러가 하루 동안에 한 일을 살펴보고, 같은 시간에 짐은 무엇을 했을지 델러가 한 일과 비교하여 쓰세요.

델러가 한 일	짐이 한 일은?
크리스마스 전날에 자신의 초라한 처지를 돌아보며 울었다.	예 델러에게 선물을 사 줄 돈이 부족한 것을 안타까워했다.
울음을 멈추고 남편 짐에게 어떤 선물을 사 줄까 생각했다.	예 델러가 보석 장식이 박힌 머리빗을 갖고 싶어 했던 것을 떠올렸다.
마담 소프로니 가발 가게에서 자신의 머리카락을 팔았다.	예 시계 가게에 가서 자신의 시계를 팔았다.
짐에게 줄 선물을 사느라 온 가게를 뒤지고 다녔다.	예 일이 끝나기만 기다렸다 머리빗 가게로 갔다.
짐의 선물로 금 시곗줄을 사서 집으로 돌아왔다.	예 델러가 갖고 싶어 하던 머리빗을 사서 집으로 돌아왔다.

4 짐과 델러가 서로에게 준 크리스마스 선물에는 어떤 공통점이 있는지 빈칸에 쓰세요.

> 예 • 서로에 대한 사랑이 담겨 있다.
> • 서로를 너무나 사랑한 나머지, 자신이 가진 가장 소중한 것을 팔아서 상대방이 갖고 싶어 한 것을 산 것이다.

5 만약에 내가 짐과 델러에게 크리스마스 선물을 준다면 어떤 선물을 주겠는지 그 까닭과 함께 쓰세요.

선물로 주고 싶은 것은?

예 화려하고 아름다운 크리스마스 트리

그 선물을 주고 싶은 까닭은?

예 짐과 델러가 사랑이 넘치는 아름답고 따뜻한 크리스마스를 맞이할 수 있을 것 같기 때문이다.

해설

1 이야기에서 인물이 한 말이나 행동을 통해 그 인물의 성격이나 가치관을 짐작해 볼 수 있습니다.

2 이야기 속 인물이 겪은 일에 대하여 어떤 생각이나 느낌이 들었는지 자유롭게 써 봅니다. '속상했다', '슬펐다', '안타까웠다' 등 간단하게 감정을 표현하는 낱말로 답해도 되지만, 그런 감정이 든 까닭이 드러나도록 쓰면 더 좋습니다.

3 델러가 짐의 선물을 마련하기 위해 바쁘게 하루를 보냈듯이 짐도 델러의 선물을 마련하기 위해 노력했을 것입니다. 짐이 어떤 일을 했을지 시간의 흐름에 맞게 상상하여 자유롭게 써 봅니다.

4 짐과 델러가 서로를 위해 준비한 선물은 쓸모없어지고 말았지만, 짐과 델러는 세상 무엇보다 고귀하고 값진 선물을 받았습니다.

5 짐과 델러에게 어떤 선물을 주고 싶은지 그 까닭이 구체적으로 드러나게 써 봅니다.

2주 아는 것과 실천하는 것 / 한 배에 탄 사람들

1 우리나라에서는 어린이가 큰 잘못을 저질러도 어른보다 가볍게 처벌이 내려져요. 이것이 옳은 일인지 옳지 않은 일인지 따져 보고, 빈칸에 알맞은 까닭을 쓰세요.

쉽게 용서할 수 없는 죄를 저질렀지만, 어린이이므로 벌금 100만 원에 처한다.

옳은 일이다. 왜냐하면
예 어린이는 아직 어떤 것이 옳은지 잘 모르기 때문이다. 어른의 가르침을 받아 어떤 것이 옳은 일인지 알 때까지는 큰 처벌을 내리지 않아야 한다.

옳지 않은 일이다. 왜냐하면
예 어린이의 잘못으로 누군가는 피해를 입기 때문이다. 어린이도 똑같이 처벌을 받아서 잘못을 하면 책임을 져야 한다는 것을 깨닫게 해야 한다.

2 6명이 타고 가던 배가 고장 났는데, 구명정에는 5명만 탈 수 있어요. 누가 배에 남아야 할지 고르고, 그 까닭을 쓰세요.

다른 사람들은 왜 구명정에 타야 하는지도 생각해 봐.

선원　아주머니　할아버지　어린이　아가씨　선장

남아야 하는 사람: 예 선장

남아야 하는 까닭: 예 배의 운항에 관한 책임자로서, 배가 침몰하게 된 데에 대한 책임을 져야 하기 때문이다.

해설

1 주장을 말할 때에는 타당성 있고 믿을 만한 근거를 들어야 설득력을 가질 수 있습니다. 옳다고, 혹은 옳지 않다고 생각한 까닭을 조리 있게 정리해 봅니다.

2 누가 배에 혼자 남아 다음 구조대를 기다리는 게 좋을지 정하고, 왜 그렇게 생각하는지 타당한 까닭을 들어 봅니다. 누가 남아야 할지 고르기 어려울 때에는 거꾸로 구조해야 할 사람을 먼저 생각해 보는 것도 좋습니다.

1 글자 수와 낱말의 뜻을 살펴보고, 알맞은 낱말이 되도록 글자에 ○표 하세요.

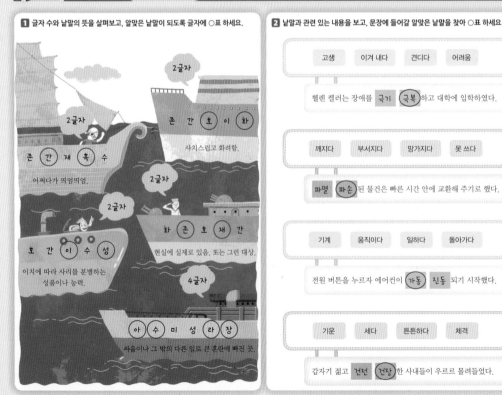

2글자
존 간 호 이 화
사치스럽고 화려함.

2글자
존 간 재 혹 수
어쩌다가 띄엄띄엄.

2글자
화 존 호 재 간
현실에 실제로 있음. 또는 그런 대상.

2글자
호 간 이 수 성
이치에 따라 사리를 분별하는 성품이나 능력.

4글자
아 수 미 성 라 장
싸움이나 그 밖의 다른 일로 큰 혼란에 빠진 곳.

2 낱말과 관련 있는 내용을 보고, 문장에 들어갈 알맞은 낱말을 찾아 ○표 하세요.

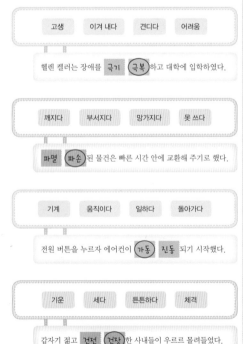

고생　이겨 내다　견디다　어려움

헬렌 켈러는 장애를 극기 (극복) 하고 대학에 입학하였다.

깨지다　부서지다　망가지다　못 쓰다

파멸 (파손) 된 물건은 빠른 시간 안에 교환해 주기로 했다.

기계　움직이다　일하다　돌아가다

전원 버튼을 누르자 에어컨이 (가동) 진동 되기 시작했다.

기운　세다　튼튼하다　체격

갑자기 젊고 건전 (건장) 한 사내들이 우르르 몰려들었다.

낱말 탐구

+ **극복하다:** 나쁜 조건이나 고생 따위를 이겨 내다.
+ **파멸되다:** 파괴되어 없어지다.
+ **파손되다:** 깨어져 못 쓰게 되다.
+ **가동되다:** 사람이나 기계 따위가 움직여 일하다.
+ **진동되다:** 물체가 몹시 울리어 흔들리다.
+ **건전하다:** 사상이나 사물 따위의 상태가 한쪽으로 치우치지 않고 정상적이며 위태롭지 아니하다.
+ **건장하다:** 몸이 튼튼하고 기운이 세다.

한줄톡! ❶ 모르기　❷ 실천　❸ 아는 것
❹ 행동하는 것　❺ 맡은 일　❻ 나라
❼ 인간 사랑

56~57쪽

내용 확인 ❶ ③　❷ (2) ○ (3) ○　❸ 작심삼일
❹ ①, ③, ④　❺ 책임　❻ ①, ②
❼ 인간 사랑의 정신　❽ ①, ③

❶ 어린아이들은 무엇이 옳은지 잘 모르기 때문에 잘못을 저질렀을 때 잘 타일러야 한다고 했습니다.

❷ 우리가 옳은 일이 어떤 것인지 잘 알면서도 실천하지 못하는 까닭은 자기의 옳지 못한 욕심만을 채우기 위해서 행동하고, 또 옳은 일을 실천하려는 의지와 용기가 부족하기 때문입니다.

❸ '작심삼일(作心三日)'은 단단히 마음먹은 일이 삼 일밖에 가지 못한다는 뜻으로, 결심이 굳지 못함을 이르는 말입니다.

❹ 옳은 일을 실천하기 위해서는 굳은 의지와 용기, 희생 등이 필요합니다.

❺ 배가 움직이거나 나라가 돌아가려면 제각기 책임을 맡아 일하는 사람이 있어야 합니다.

❻ 선원들과 승객들이 이성을 찾아 누가 먼저 살아 나가야 할지 생각한 결과, 타이태닉호의 선원들은 여자와 어린이 들을 먼저 태웠고, 세계적 명사들은 가난한 이민객들에게 구명정을 양보했습니다.

❼ 타이태닉호와 함께 깊은 물속에 가라앉았지만, 배 안에서 최후를 맞이한 건장한 남자들과 성실한 선원들이 보여 준 인간 사랑의 정신은 우리에게 영원히 살아 있습니다.

❽ 한 배를 타고 항해하는 우리가 살기 좋은 사회라는 목표에 도착하기 위해서는 각자 맡은 몫의 책임을 다해야 하고, 인간 사랑의 정신을 실천해야 합니다.

❶ 글쓴이가 주장하는 내용을 글의 짜임에 맞게 정리하며 빈칸에 알맞은 말을 쓰세요.

아는 것과 실천하는 것

서론

사람이 옳은 것과 옳지 못한 것을 구별하고, 이 구별에 따라 [예] 스스로 옳은 일을 실천하는 것 은/는 매우 중요하다.

본론

사람들 중에는 옳은 일을 하지 못하는 사람도 있는데, 다음의 두 가지 경우이다.
첫째, 무엇이 옳은지 모르기 때문에 옳은 일을 하지 못하는 경우이다. [예] 무엇이 옳은 일인지 을/를 아는 것은 쉽지 않기 때문에 늘 열심히 배우려고 노력해야 한다.
둘째, 무엇이 옳은지를 알면서도 실천하지 않는 경우이다. 옳은 일을 하기 위해서는 굳은 의지와 용기가 필요하다. 옳은 일을 수행하려는 용기는, 때로 [예] 희생을 요구하기도 한다 .

결론

무엇이 옳은가를 배워서 알고, 그것을 굳은 의지와 참된 용기 (으)로 꾸준히 실천해 나가면 우리들의 인격은 보다 훌륭하게 완성되어 갈 것이다.

한 배에 탄 사람들

서론

배가 움직이려면 제각기 맡은 몫의 일을 하는 사람이 필요하듯이, 나라에도 [예] 크고 작은 책임을 맡아서 일하는 사람 이/가 있어야 한다. 우리는 한 배에 탄 사람들이다.

본론

1912년에 북대서양을 항해하던 타이태닉호의 선체가 커다란 빙산에 부딪혀 크게 파손되자, 배 안은 [예] 아수라장이 되었다 . 그러나 선장의 지시를 따르는 선원들은 침착하게 행동하였고, 승객들도 곧 이성을 찾아 [예] 누가 먼저 살아 나가야 할지를 생각하였다 .

그 결과, 선원들은 구명정에 여자와 어린 들을 먼저 태웠고, 특실에 탔던 세계적 명사들은 가난한 이민객들에게 구명정을 양보했다. 결국 타이태닉호는 침몰하고 말았지만, 타이태닉호 사건이 보여 준 [예] 인간 사랑의 정신은 우리에게 영원히 살아 있다

결론

우리 사회가 인간 사랑의 정신을 지닌 사람들로 가득할 때, 우리가 목표하고 있는 살기 좋은 사회 에 무사히 도착할 것이다.

1 타이태닉호에 타고 있던 사람들이 '아는 것'과 '실천한 것'은 무엇인지 생각해 보고, 빈칸에 알맞은 내용을 쓰세요.

사람들	아는 것	실천한 것
선장	죽음을 각오하고 책임을 다하여 승객들을 안전하게 보호하는 것이 옳다.	침착하게 선원들을 지휘하여 승객들을 구하고 배 안에서 최후를 맞았다.
기관사들	예 승객들의 안전을 위해 배를 조종해야 한다.	예 기관실에서 한 사람도 자리를 뜨지 않고 최후의 순간까지 기계를 조종하였다.
악사들	예 위기의 순간에서 당황한 승객들을 안정시켜야 한다.	예 기우는 배 안에서 끝까지 음악을 연주하였다.
명사들	예 약한 사람들과 어려운 사람들을 먼저 구하는 것이 옳다.	예 가난한 이민객들에게 구명정을 양보하였다.

2 타이태닉호의 선장과 선원들, 승객들이 구명정에 탈 사람을 정한 기준을 정리해 보고, 기준을 그렇게 정한 까닭은 무엇이겠는지 쓰세요.

구명정 탑승 선정 기준	기준을 그렇게 정한 까닭
예 여자와 어린이들을/를 가장 먼저 구명정에 태운다.	예 가장 약한 존재인 여자와 어린이들을 보호해 주어야 한다고 생각했기 때문이다.
선장과 선원들은 자리를 뜨지 않고 최후의 순간까지 자기 맡은 일을 하며 예 배에 남는다	예 승객들의 안전을 위해 배를 조종하고, 위기에 처한 승객들을 무사히 탈출하도록 도와야 하기 때문이다.
특실에 타고 있었던 세계적으로 유명한 명사들은 예 가난한 이민객들에게 구명정을 양보한다.	예 가난한 이민객이 사랑하는 가족과 함께 새로운 곳에서 꿈을 펼쳐 새 삶을 살기를 바랐기 때문이다.

3 다음은 『아는 것과 실천하는 것』, 『한 배에 탄 사람들』에 나온 이야기를 신문 기사로 꾸민 것이에요. 빈칸에 기사 내용에 알맞은 제목을 쓰세요.

예 **한 고등학생의 용기, 불길 속의 아이를 구하다**

어젯밤 8시경 서울 암사동 단독 주택가에 화재가 발생했다. 마침 근처를 지나던 고등학생 나용감 군이 이를 발견하고 집 안으로 뛰어 들어가 방 안에 있던 어린아이를 구출했다.

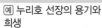
예 **누리호 선장의 용기와 희생**

어제 낮 2시경, 누리호 선원 21명이 해경에 의해 구조되었다. 선원들은 선장 최씨가 침몰해 가는 배에 끝까지 홀로 남아 긴급 구조 신호를 보내다가 숨졌다며 안타까워했다.

예 **장엄한 인간 사랑의 정신, 타이태닉호**

1912년 4월 14일, 북대서양을 항해하던 영국의 호화 여객선 타이태닉호가 거대한 빙산에 부딪혀 침몰했다. 배에는 2,200여 명의 승객과 선원 등이 타고 있었으나, 겨우 700여 명만이 구조되었다. 선장과 선원들, 승객들은 각자의 역할을 다하고 자신을 희생하여 인간 사랑의 정신을 보여 주었다.

4 옳은 일을 실천하기 위해서는 굳은 의지나 용기가 필요해요. 다음 상황에서는 어떤 의지나 용기가 필요할지 쓰세요.

버스나 전철에서 소매치기하는 사람을 보았을 때
모른 척하지 않고 주변에 있는 어른께 알리거나 경찰에 신고하는 용기

친구가 다른 아이들에게 괴롭힘을 당할 때
예 외면하거나 같이 괴롭히지 말고, 선생님이나 부모님께 알려 친구를 돕는 용기

회사 일로 바쁘신 부모님이 집안일을 하실 때
예 내 방 청소, 심부름 같은 간단한 집안일은 스스로 하려는 의지

대중교통 이용 중, 서 계시는 할머니, 할아버지를 보았을 때
예 피곤하더라도 못 본 척하거나 자는 척하지 않고 어른께 자리를 양보하는 의지

해설

1 침몰해 가는 배 안에 남아 선장과 선원들, 악사들, 명사들이 자신의 역할을 끝까지 해내며 다른 사람의 생명을 구하기 위해 어떻게 자신을 희생했는지 정리해 봅니다.

2 타이태닉호의 선장과 선원, 승객들이 함께 의논한 결과, 누가 살아 나가는 것이 가장 타당하다고 생각했는지 구명정 탑승 기준을 정한 까닭을 추측하여 써 봅니다.

3 신문 기사의 내용을 통해 알리고 싶어 하는 것이 가장 잘 드러나는 내용을 생각하되, 기사의 제목이므로 간결하게 씁니다.

4 친구가 괴롭힘을 당할 때는 도움을 줄 수 있는 용기가, 부모님이나 할아버지, 할머니를 도울 때에는 의지가 필요한 상황입니다. 어떤 의지나 용기가 필요할지 구체적으로 써 봅니다.

읽기 전 생각 열기 68~69쪽

1 다음 그림의 빈칸에 알맞은 인사말을 쓰고, 물음에 알맞게 답해 보세요.

[예] 안녕하세요?

> 그림에서 인사말이 서로 다른 까닭은 무엇일까요?

[예] 내 인사를 받는 대상이 누구인가에 따라 인사말이 달라지기 때문이다.

[예] 안녕하십니까?

[예] 안녕?

> 인사말을 다르게 하는 기준은 무엇일까요?

[예] 내 인사를 받는 대상의 나이나 지위, 말하는 상황에 따라 높임말이나 예사말을 사용한다.

[예] 안녕?

2 어린이들이 친구를 어떻게 생각하는지 조사하려고 설문지를 만들었어요. 다음 물음에 알맞게 답해 보세요.

> 친구에는 유익한 친구와 해로운 친구가 있어. 되도록 정직한 친구, 성실한 친구, 보고 듣고 배운 것이 많은 친구를 사귀는 것이 좋아. 겉치레만 하는 친구, 아첨 잘하는 친구, 거짓말을 하는 친구는 사귀지 않는 게 좋아.

'친구'에 대한 내 생각은?

★ 아주 어려운 부탁을 할 수 있는 친구는 몇 명 있나요?
- [ ] 1명 이하
- [✓] 2명
- [ ] 3명 이상

★ 친구를 사귈 때 가장 중요하게 생각하는 것은 무엇인가요?
[예] 친구 사이에 약속을 잘 지키는 것이 가장 중요하다고 생각한다.

★ 아주 친하지만 게으름만 피우는 친구가 도움을 청한다면 도와줄 것인가요?
- [ ] 그렇다.
- [✓] 아니다.
- [ ] 모르겠다.

★ 어떤 친구를 사귀고 싶나요? (중복 허용)
- [ ] 잘생긴 친구
- [✓] 정직한 친구
- [ ] 잘사는 친구
- [✓] 성실한 친구
- [✓] 재미있는 친구
- [ ] 잘 노는 친구
- [✓] 재주 많은 친구
- [✓] 공부 잘하는 친구

해설

1 내 인사를 받는 대상의 나이나 지위, 말하는 상황 등에 따라 인사말이 달라질 수 있습니다.

2 자신의 곁에 있는 친구들을 떠올려 보고, 친구에 대한 자신의 생각을 솔직하게 나타내어 봅니다.

읽기 전 낱말 탐구 70~71쪽

1 주어진 낱말의 뜻을 살펴보고, 문장의 뜻이 통하도록 알맞은 낱말을 찾아 ○표 하세요.

 화목하고 평온함.
가장 중요한 것은 무엇보다 가족 모두 건강하고 욕심 없이 화려 / **화평** / 화해 을/를 누리는 일이다.

마음의 작용으로 얼굴에 드러나는 빛.
학교에서 일어난 일을 알게 되신 어머니께서는 전혀 놀란 기선 / **기색** / 기술 없이 차분하게 행동하셨다.

살아가기 위하여 하는 일.
전염병으로 인해 전국적으로 환자가 늘어나자, 많은 의사들은 생각 / 생업 / **생존** 을 잠시 뒤로 하고 봉사하였다.

정신이 흐려 말이나 행동이 정상을 벗어남.
우리는 항상 이치에 맞지 않는 **망령** / 망신 / 망언 된 생각을 하지 않도록 조심해야 한다.

어떤 일을 약속하여 정함.
새 휴대 전화를 사고 싶지만 약관 / 약분 / **약정** 기간이 아직 많이 남아 있어서 지금은 살 수가 없다.

일이 잘되도록 여러 방법으로 힘씀.
선생님께서는 평소 우리가 보고 싶어 하던 명사와의 만남을 주시 / **주선** / 주장 하여 주셨다.

2 주어진 세 낱말을 보고, 관련 있는 낱말을 보기에서 찾아 빈칸에 쓰세요.

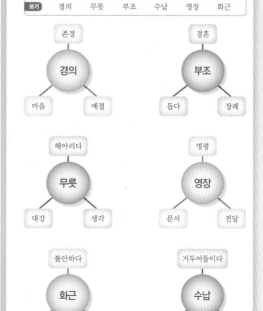

보기: 경의 무릇 부조 수납 영장 화근

존경 — 경의 — 마음 / 예절

결혼 — 부조 — 돕다 / 장례

헤아리다 — 무릇 — 대강 / 생각

명령 — 영장 — 문서 / 전달

불안하다 — 화근 — 재앙 / 뿌리

거두어들이다 — 수납 — 돈 / 은행

낱말 탐구

✦ **기선**: 운동 경기나 싸움 따위에서 상대편의 세력이나 기세를 억누르기 위하여 먼저 행동하는 것.

✦ **경의**: 존경하는 뜻.

✦ **부조**: 잔칫집이나 사람이 죽어 장례를 치르는 집 따위에 돈이나 물건을 보내어 도와줌. 또는 돈이나 물건.

✦ **무릇**: 대체로 헤아려 생각하건대.

✦ **영장**: 명령의 뜻을 기록한 문서.

✦ **화근**: 재앙의 근원.

✦ **수납**: 돈이나 물품 따위를 받아 거두어들임.

한줄톡! ❶ 착한 일 ❷ 진실한 ❸ 반성
❹ 바른 뜻 ❺ 이롭게 하려는 마음 ❻ 신의
❼ 같은 또래 ❽ 없다 ❾ 친지

82~83쪽

내용 확인 ❶ ① ❷ (3) ○ ❸ ㉮, ㉰
❹ ④ ❺ 거짓말쟁이 ❻ ③
❼ (1) ○ (3) ○ ❽ 의로운 사람

1 대체로 사람을 대할 때에는 화평하며 공손히 받들기에 힘쓰는 것이 마땅하다고 했습니다.

2 절을 할 때에는 예법에 얽매이지 말고 항상 자신을 낮추고 남을 높이는 생각을 가슴속에 두는 것이 옳다고 했습니다.

3 내게 아무런 잘못이 없는데도 거짓으로 허물을 만들어 헐뜯는다면, 망령된 사람이므로 옳고 그름을 따질 필요가 없이 참으면 된다고 했습니다.

4 어린 사람들과 같이 있을 때에는 부모에게 효도하고 형제간에 우애 있게 지내고 나라에 충성하고 친구 간에 믿음을 지키는 일들을 친절하게 말해 주라고 했습니다. '풍(風)'은 사람이 풍기는 분위기나 멋을 가리키는 말입니다.

5 서양 풍속에서 가장 중요한 것은 신의를 지키는 것이기 때문에 가장 큰 욕과 부끄러움은 거짓말쟁이라고 불리는 것입니다.

6 서양 사람들은 형제 앞에서도 기침하거나 침을 뱉거나 하품하거나 기지개를 켜는 따위의 게으른 짓은 하지 않습니다.

7 형제나 자식, 조카 사이라도 하는 일 없이 놀고만 있으면 입고 먹는 비용 정도는 이따금 대어 주지만, 자기 생업을 꾸려 나갈 수 있는 길은 스스로 찾아야 합니다.

8 다른 사람이 성공을 거두게 되면 마치 자기 일처럼 기뻐하며 즐거워하고, 실패하는 일이 생기면 마치 자기가 당한 것처럼 걱정하고 염려하는 것을 의로운 사람의 훌륭한 마음이라고 하였습니다.

읽은후 생각 정리

1 글의 내용을 정리하여 빈칸에 알맞은 말을 쓰세요.

사람을 대할 때

친구나 고향 사람을 대할 때

친구는 학문과 착한 일을 좋아하는 사람, 성품이 엄하고 곧으며 진실한 사람을 골라 사귀어야 한다. 고향 사람으로 착한 사람이면 가까이 두어야 하고, 착하지 않은 사람은 [예] 그저 데면데면 대하고 서로 왕래하지 말아야 한다.

나를 헐뜯는 사람을 대할 때

나에게 그런 허물이 있으면 고치고, 없다면 [예] 더욱 허물이 없도록 노력하면 된다.

선생과 어른을 모실 때

사람의 도리 가운데 어려운 것은 물어서 스스로 배워야 한다. 말을 함부로 하지 않되, 어른이 물으면 [예] 공손히 사실대로 대답해야 한다.

시골 사람들을 대할 때

점잖고 엄숙한 태도를 유지하되 [예] 잘난 체하거나 뽐내지 않아야 한다.

어린 사람들 을/를 대할 때

부모에게 효도하고 형제간에 우애 있게 지내는 일, 나라에 충성하고 친구 간에 믿음을 지키는 일들을 말해 주어야 한다.

친구를 사귀는 법

친구 간의 신의

친구끼리 시간 약속을 했으면 꼭 지켜야 하고, 만약 그 시간에 약속을 지킬 수 없으면 반드시 [예] 그 이유를 먼저 알려 기다리지 않게 해야 한다.

어울려 노는 모습

가까이 마주 앉아 즐겁게 얘기하고, 서로 부지런히 일하기 을/를 권하고 학문을 닦고 덕을 쌓는 데 힘쓴다.

서로 만날 때의 예절

• 가까이 있으면 손을 잡고 날씨 이야기로 인사 나누고, 멀리 있으면 [예] 모자를 들어 경의를 표한다.
• 손아랫사람이 어른을 만나거나 남자가 여자를 만나면 거리에 상관없이 [예] 먼저 인사한다.
• 남의 방에 들어갈 때 남자는 모자를 벗지만, 여자는 모자를 벗지 않는다.

음식을 먹을 때의 예절

• 언제나 여자 에게 먼저 권한다.
• 국이나 차를 들이마시는 소리나 고기를 씹어 삼키는 소리를 내지 않는다.
• 많은 사람들이 회식하는 모습이 [예] 점잖고 조용하다.
• 술을 마시는 일이 많지 않고, 취하면 밖에 나가지 않는다.

친지 사이의 도움

어려움에 처한 친지는 멀고 가까움을 가리지 않고 도와준다. 그러나 하는 일 없이 놀고먹는 사람에게는 [예] 입고 먹는 비용만 가끔 대 줄 뿐, 재물은 한 푼도 주지 않는다.

평소 생활 태도

남의 즐거움을 자기의 즐거움으로 삼고, 남의 걱정을 자기의 걱정으로 삼는 것을 의로운 사람이라 여긴다.

1 우리 조상들이 생각하는 '선비'와 서양 사람들이 생각하는 '신사'는 각각 어떤 사람을 말하는지 쓰세요.

『사람을 대할 때』가 우리나라의 선비에 관한 내용이라면, 『친구를 사귀는 법』은 서양의 신사에 관한 내용이야.

선비란?	신사란?
• 말을 함부로 하지 않는 사람이다.	• 신의를 가장 중요하게 여기는 사람이다.
• 예 항상 자신을 낮추고 남을 높이는 사람이다.	• 예 공손하면서도 예절을 잘 지키는 사람이다.
• 예 친구들과 도의를 논하고 제 몸을 갈고닦는 사람이다.	• 예 몸가짐이 단정하고 어려운 사람을 돕는 사람이다.
• 예 잘난 체하거나 뽐내지 않는 사람이다.	• 예 남의 즐거움이나 걱정을 자기의 즐거움이나 걱정으로 삼는 사람이다.

2 서양 사람들은 어떻게 신의를 지키는지 빈칸에 쓰고, 우리가 본받을 점은 무엇인지 정리하여 쓰세요.

친구: 시간 약속을 했으면 꼭 지켜야 한다. 만약 약속을 지킬 수 없으면 반드시 그 이유를 먼저 알려서 헛되이 기다리지 않게 한다.

상인: 예 물건을 거래할 때 날짜를 약속했으면 정확하게 지켜야 한다.

기술자: 예 물품을 만들어 주기로 약정한 기한을 꼭 지켜야 한다.

관리나 법관: 예 관리가 나랏일을 집행할 때 기한을 지켜 국민들이 시간을 낭비하는 폐단이 없게 해야 한다. 법관도 모든 일에서 기한을 지켜 말과 행동이 어긋나지 말아야 한다.

우리가 본받을 점: 예 시간 약속을 반드시 지키려고 노력하는 모습과 상대방을 배려하는 마음, 자기가 맡은 일을 정확하게 해내는 책임감을 본받아야 한다.

3 우리 조상들과 서양 사람들이 친구와 사귀는 모습을 비교하여 빈칸에 알맞은 말을 쓰고, 어떤 공통점이 있는지 쓰세요.

우리 조상들
• 예 학문과 착한 일 을/를 좋아하는 사람을 골라 사귀고, 게으르고 놀기 좋아하는 사람을 멀리한다.
• 절하는 예절을 미리 정할 수 없지만 때에 따라 적절히 맞춰 한다.
• 오직 글의 바른 뜻만 말하고 자질구레한 세상 이야기나 정치의 어질고 어질지 못한 것, 예 다른 사람의 허물과 악 은/는 말하지 않는다.

서양 사람들
• 친구 간에 서로 부지런히 일하기를 권하고 예 학문을 닦고 덕을 쌓는 데 힘쓴다.
• 가까이에서 손 잡고 인사 나누는 모습이 화목하면서 절을 하는 절차가 없다.
• 같은 또래끼리 가까이 앉아 가벼운 이야기를 하되, 추잡한 기색이나 더러운 말투는 조금도 없다.
• 말씨는 공손하면서도 예 존대하거나 천대하는 구별이 없다

우리 조상들과 서양 사람들의 공통점은?
• 예 학문을 닦는 데 힘쓰고 게으른 것을 멀리 한다. / 절차는 다르지만 만날 때 인사를 한다.
• 예 남의 말을 하거나 나쁜 말을 하지 않는다.

4 만약 내 주변에 나를 헐뜯는 친구가 있다면 각 상황에 따라 어떻게 할 것인지 쓰고, 그렇게 행동하려는 까닭도 정리하여 쓰세요.

상황	어떻게 할 생각인가요?
내게 실제로 허물이 있을 때	예 진심으로 내 허물이나 잘못에 대해 뉘우치고 반성한다. 다시는 그런 잘못이 반복되지 않도록 최선을 다해 노력한다.
내게 조금 있는 허물을 부풀려서 헐뜯을 때	예 내 허물을 부풀려 헐뜯는 친구가 원망스럽고 억울한 마음이 들겠지만, 일단은 참고 내 허물을 고치기 위해 노력한다.
내게 아무런 허물이 없을 때	예 그 친구에게 가서 내게 아무런 허물이 없다는 것을 분명하게 밝힌 다음, 오해를 풀고 그 친구에게 사과를 받는다.

그렇게 행동하려는 까닭
예 내게 허물이나 잘못이 있다면 내가 그 허물에 대해 반성하고 고치기 위해 노력하는 것이 맞고, 내게 아무런 허물이 없다면 나를 헐뜯는 친구가 잘못을 저지르는 것이기 때문이다.

해설

1 우리 조상들이 생각하는 선비의 모습이나 태도, 서양 사람들이 생각하는 신사의 모습이나 태도가 어떠한지 각각 정리한 뒤, 비교해 봅니다.

2 서양 사람들이 시간 약속을 철저히 지키는 모습을 통해 본받을 점을 생각해 봅니다.

3 우리 조상들이 친구를 대하는 법과 서양 사람들이 친구와 어울리는 모습을 서로 비교해 보고, 친구를 대하는 태도나 예절에서 공통점을 찾아 써 봅니다.

4 겪었던 일 중에서 비슷한 경험을 떠올려 보고, 각 상황에서 나라면 어떻게 할 것인지 정리해 써 봅니다. 또 그렇게 행동하려는 까닭을 분명하게 밝힙니다.

4주 하늘에서 내려온 아이 / 선아가 겪은 일

읽기 전 생각 열기

1 우리 가족의 이름을 쓰고, 이웃들은 우리 가족을 무엇이라고 부르는지, 그렇게 부르는 까닭은 무엇인지도 쓰세요.

우리 가족 이름		이웃들이 부를 때	
나	예 김준수	나	예 준수야!
예 엄마	예 손정은	예 엄마	예 준수 어머니!
예 아빠	예 김상민	예 아빠	예 준수 아버지!
예 삼촌	예 김성민	예 삼촌	예 준수 삼촌!

이웃들이 그렇게 부르는 까닭

예 • 우리 가족 개개인의 이름을 정확하게 알지 못하기 때문이다.
• 내 이름만 정확하게 알고, 나와 가족 구성원의 관계만 알기 때문이다.

2 '죽음'에 대하여 생각해 보고, 다음과 같이 떠오르는 것들을 생각나는 대로 빈칸에 알맞게 쓰세요.

> 다음과 같이 마음속에 지도를 그리듯 생각의 가지를 넓히는 활동을 '마인드맵'이라고 해.

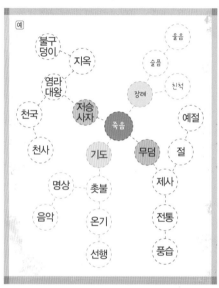

해설

1 이웃들이 누구를 중심으로 하여 우리 가족의 관계를 파악하고 있느냐에 따라 호칭이 달라질 수 있습니다.

2 '죽음'과 관련지어 마음속에 떠오르는 생각을 자유롭게 나타내어 봅니다.

읽기 전 낱말 탐구

1 다음에서 설명하는 내용을 잘 읽고, 베틀의 각 부분에 해당하는 낱말을 그림에서 찾아 빈칸에 알맞은 번호를 쓰세요.

▲ 길쌈

4 씨줄
베를 짤 때, 가로 방향으로 놓인 실.

1 날줄
베를 짤 때, 세로 방향으로 놓인 실.

2 북
베를 짤 때 씨줄 꾸리를 넣어 날실의 틈으로 왔다 갔다 하며 씨실을 풀어 주는 배처럼 생긴 나무통.

3 잉아
베틀에서 날줄과 씨줄을 엮어 베를 짤 때, 날줄 사이를 벌어지게 하여 그 사이로 씨줄을 물린 북이 왔다 갔다 할 수 있도록 베틀의 날줄을 한 칸씩 걸러서 끌어 올리도록 맨 굵은 실.

> '길쌈'은 실을 내어 옷감을 짜는 일을 말하고, '베틀'은 삼베, 무명, 명주 따위의 천을 짜는 틀이야.

2 주어진 문장의 일부분을 잘 살펴보고, 빈칸에 들어갈 알맞은 낱말을 보기 에서 찾아 쓰세요.

보기	싣다	타다	짓다	부르다
	따르다	뜨다	재다	묻다

• 밥을
• 이름을   **짓다**
• 농사를

• 길이를
• 고기를   **재다**
• 총알을

• 짐을
• 광고를   **싣다**
• 웃음을

• 유행을
• 음료수를   **따르다**
• 어머니를

• 출석을
• 노래를   **부르다**
• 만세를

• 그네를
• 비행기에   **타다**
• 가야금을

• 눈을
• 고향을   **뜨다**
• 장갑을

• 거름을
• 잉크가   **묻다**
• 정답을

낱말 탐구

✦ **재다**: ① 자, 저울 따위의 계기를 이용하여 길이, 너비, 높이 따위의 정도를 알아보다. ② 고기 따위의 음식을 양념하여 그릇에 차곡차곡 담아 두다. ③ 총에 탄환을 넣어 끼우다.

✦ **묻다**: ① 물건을 흙이나 다른 물건 속에 넣어 보이지 않게 쌓아 덮다. ② 가루, 풀, 물 따위가 그보다 큰 다른 물체에 들러붙거나 흔적이 남게 되다. ③ 무엇을 밝히거나 알아내기 위하여 상대편의 대답이나 설명을 요구하는 내용으로 말하다.

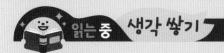

읽는 중 생각 쌓기

한줄톡! ❶ 우인   ❷ 내 이름   ❸ 잉아
❹ 새끼(강아지)   ❺ 아픈   ❻ 묻어

108~109쪽

내용 확인
❶ ③   ❷ ㉣   ❸ 요술쟁이
❹ (2) ○   ❺ ③, ④   ❻ (2) ○ (3) ○
❼ ②   ❽ ①, ③, ④

1 하늘 나라에서 보기에 세상은 참으로 아름다웠고, 사람들은 행복하게 살고 있었습니다.

2 하늘 나라에서 보는 세상은 참 행복해 보여서 세상으로 내려가 살면 정말 신날 것 같아 내려가고 싶었습니다.

3 '우인'이라는 자신의 이름만 앞에 갖다 붙이면 갑자기 사람들 사이가 가까워지자, 우인이는 자신의 이름이 멀리 떨어져 있는 사람들을 가깝게 만드는 요술쟁이 같다고 생각했습니다.

4 씨줄과 날줄이 맺어져 고운 베가 짜이는 것처럼, 우인이를 중심으로 하여 사람들 사이가 이어지고 관계가 맺어진다는 것을 뜻합니다.

5 선아는 갓 태어난 강아지들이 젖을 빠는 법을 알고 있고, 바둑이가 새끼들을 낳자마자 보살피는 법을 알고 있는 게 신기하다고 생각했습니다.

6 바둑이가 새끼를 낳은 지 일주일이 지났을 때, 새끼 한 마리가 다른 새끼들 틈에 끼여서 이리저리 밀리기만 할 뿐, 젖을 빨지도 않고 움직이지도 않았습니다.

7 약하게 태어나 살기가 어려운 강아지를 보며 안타깝고 측은하고 걱정스러운 마음이 들었을 것입니다.

8 선아는 바둑이와 태어난 강아지들의 모습을 통해 생명의 신비로움과 귀중함을 느꼈고, 약하게 태어나 얼마 살지 못하고 죽은 강아지를 통해 죽음의 의미를 생각하게 되었습니다.

읽은 후 생각 정리

1 일이 일어난 차례를 생각하며 빈칸에 알맞은 말을 쓰세요.

하늘에서 내려온 아이

하늘 나라에 살고 있을 때	나는 [예] 사람들이 행복하게 살고 있는 세상 (으)로 내려가고 싶었다.
세상에 태어났을 때	부모님께서 크게 반겨 주셨고, 할아버지와 할머니 그리고 외할아버지와 외할머니도 찾아와 기뻐하셨다.
'우인'이라는 이름이 생긴 뒤	이웃 사람들이 부모님을 부를 때에도 꼭 내 이름을 먼저 부르셨고, 내 이름만 앞에 갖다 붙이면 서먹했던 사람들도 갑자기 사이가 가까워졌다.
학교에 입학한 뒤	부모님께서는 선생님과 친구들, 나의 물건들, 학교 뒷산에까지 [예] 내 이름을 붙여 부르셨다
5학년이/가 된 뒤	내가 없는 이 세상은 쓸쓸하고 외로웠을 것 같고, [예] 내가 이 세상에 오기 (라)고 생각했다. 를 무척 잘했다

선아가 겪은 일

① 바둑이가 예쁜 강아지 네 마리를 낳았는데, 강아지들이 젖을 빠는 것과 바둑이가 [예] 새끼를 보살피는 모습 이/가 참 신비롭게 느껴졌다.

② 바둑이가 새끼를 낳은 지 일주일이 지났을 때, 아직 눈을 뜨지 못한 한 마리는 [예] 별로 움직이지도 않고, 기운이 없고 아파 보였다

③ 나는 아버지와 강아지를 데리고 동물 병원에 갔는데, 수의사 선생님께서는 [예] 강아지가 약하게 태어나서 살기가 어려울 것 (이)라고 말씀하셨다.

④ 집으로 돌아온 뒤, 내가 숙제를 하고 저녁에 밖에 나가 보니 그 사이에 [예] 강아지가 죽어 있었다 .

⑤ 새끼를 잃은 바둑이가 슬퍼 보였고, 나는 아버지와 함께 뒷동산 양지바른 곳에 강아지를 묻어 주며 눈물을 흘렸다.

1 『하늘에서 내려온 아이』에서 우인이는 자신을 통해 세상이 달라진 것을 베와 베틀에 빗대어 비유적으로 표현했어요. 무엇을 어떻게 비유하였는지 빈칸에 알맞은 말을 쓰세요.

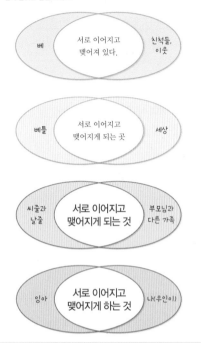

베 ─ 서로 이어지고 맺어져 있다. ─ 친척들, 이웃

베틀 ─ 서로 이어지고 맺어지게 되는 곳 ─ 세상

씨줄과 날줄 ─ 서로 이어지고 맺어지게 되는 것 ─ 부모님과 다른 가족

잉아 ─ 서로 이어지고 맺어지게 하는 것 ─ 나(우인이)

2 『선아가 겪은 일』에서 선아는 강아지를 묻어 주고, 아버지께 죽는다는 게 무엇인지 물었어요. 아버지는 선아의 물음에 어떤 대답을 하셨을지 빈칸에 이어질 내용을 쓰세요.

선아에게

선아야, 네가 얼마나 마음 아파할지 잘 안다. 하지만 너무 슬퍼하지 않았으면 좋겠구나. 생명이 있는 것은 모두 언젠가 죽게 마련이란다. 죽는다는 게 무엇인지 물었지?
　죽는다는 것은 어쩌면,
[예] 이 세상에 오기 전에 우리가 있었던 곳으로 되돌아가는 것일지도 모르겠다. '죽는다'는 말 대신에 '돌아간다'는 말도 하잖니?
　그곳이 어떤 곳일지는 아빠도 더 이상 모르겠다. 하지만 강아지가 그곳에 가면 더 이상 아프거나 고통스럽지는 않을 것 같구나. 그러니 너도 너무 슬픔에 빠져 있지만 말고 강아지의 영혼이 행복하기를 마음속으로 빌어 주렴. 그리고 나머지 새끼들이라도 우리 집에서 건강하게 자랄 수 있도록 돌보아 주도록 하자.
　이따 저녁에 집에서 보자. 사랑한다.

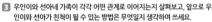

20○○년 ○○월 ○○일
아빠가

3 우인이와 선아네 가족이 각각 어떤 관계로 이어지는지 살펴보고, 앞으로 우인이와 선아가 친척이 될 수 있는 방법은 무엇일지 생각하여 쓰세요.

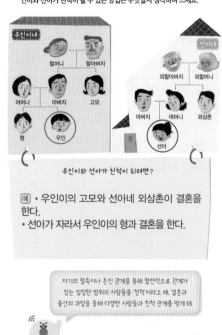

우인이네 — 할머니, 할아버지, 어머니, 아버지, 고모, 형, 우인

선아네 — 외할아버지, 외할머니, 아버지, 어머니, 외삼촌, 선아

우인이와 선아가 친척이 되려면?
[예] • 우인이의 고모와 선아네 외삼촌이 결혼을 한다.
　• 선아가 자라서 우인이의 형과 결혼을 한다.

자기의 혈족이나 혼인 관계를 통해 혈연적으로 관계가 있는 일정한 범위의 사람들을 '친척'이라고 해. 결혼과 출산의 과정을 통해 다양한 사람과 친척 관계를 맺게 돼.

4 다음 낱말을 국어사전에서 찾아 그 뜻을 쓰고, 주어진 물음에 대한 내 생각을 정리하여 쓰세요.

태어나다

'태어나다'를 국어사전에서 찾아 그 뜻을 써 보세요.
[예] 사람이나 동물이 형태를 갖추어 어미의 태(태아를 둘러싸고 있는 여러 조직을 이르는 말)로부터 세상에 나오다.

어머니의 몸을 빌어 세상에 나오는 것을 '태어난다'라고 합니다. 그렇다면 우리는 어디서 온 것일까요?
[예] 하늘 나라에서 내려왔다고 생각한다. / 우주에서 왔다.

죽다

'죽다'를 국어사전에서 찾아 그 뜻을 써 보세요.
[예] 생명이 없어지거나 끊어지다.

사람이 목숨을 다해 죽는 것을 '돌아간다'라고 합니다. 이때 돌아간다는 말은 어디로 간다는 것일까요?
[예] 태어나기 전에 있던 곳으로 돌아간다는 의미이다. / 하늘 나라로 돌아간다는 것이다.

해설

1 우인이가 움직이면 자신과 관련된 가족과 친척들도 따라 움직이고, 자신의 이름만 앞에 붙이면 다른 사람들의 관계가 가까워진다고 했습니다. 또 우인이는 자신이 씨줄과 날줄을 맺어 주는 베틀 속의 잉아와 같다고 표현하였습니다.

2 선아 아버지가 되어 강아지를 잃고 슬픔에 빠져 있는 선아에게 죽음의 의미를 알려 주고 위로하는 말을 자연스럽게 이어 써 봅니다.

3 친척은 대개 두 집안끼리의 혼인 관계를 통해 맺어집니다. 법적으로는 8촌까지를 친척이라고 일컫습니다.

4 국어사전에서 낱말의 정확한 뜻을 찾아 써 봅니다. 생명의 탄생과 죽음에 대한 생각은 개인의 믿음이나 신념 등에 따라 각각 다를 수 있으므로 다양하게 생각해 써 봅니다.

39쪽

★ 서양에서 유래된 문화인 '핼러윈 데이'는 이제 우리나라에서도 꽤 익숙해졌는데요, 핼러윈 데이를 맞아서 귀신이 한자리에 모였다고 해요. 두 그림에서 다른 점 일곱 가지를 모두 찾아보세요.

65쪽

★ 스도쿠는 가로 세로 아홉 칸인 정사각형 모양의 빈칸에 1부터 9까지 아홉 개의 숫자를 채워 세 가지 조건을 만족하게 하는 수학 퍼즐이에요. 다음 조건을 모두 만족시켜서 정답을 맞혀 보세요.

조건 1. 어떤 가로줄에도 같은 숫자가 있으면 안 돼요.
조건 2. 어떤 세로줄에도 같은 숫자가 있으면 안 돼요.
조건 3. 아홉 칸짜리 작은 정사각형 안에 같은 숫자가 있으면 안 돼요.

7	9	2	5	8	6	1	3	4
6	3	1	9	7	4	2	8	5
4	5	8	3	2	1	6	9	7
9	1	7	4	3	2	5	6	8
2	4	6	7	5	8	9	1	3
3	8	5	1	6	9	7	4	2
1	2	9	8	4	5	3	7	6
5	7	4	6	1	3	8	2	9
8	6	3	2	9	7	4	5	1

91쪽

★ 자서전은 자신의 일생을 소재로 스스로 짓거나 남에게 전달하여 쓰게 한 전기를 말해요. 50년 뒤, 멋지게 꿈을 이룬 여러분의 자서전은 어떤 책이 될까요? 미래의 내 삶을 상상하며 제목을 짓고, 표지도 디자인해 보세요.

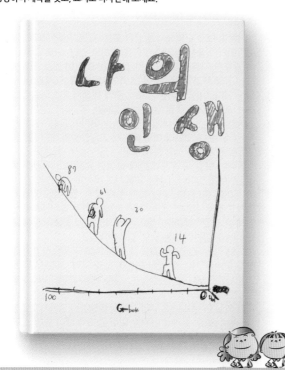

117쪽

재미로 보는 심리 테스트

① 요즘 주변 사람들과 자꾸 의견 충돌이 있지 않나요? 부모님이나 친한 친구처럼 가까운 사람일수록 내 마음을 몰라주는 것 같아서 더 서러운 마음이 들기도 하지요. 만약 다툼이 있었다면 먼저 용기 내서 화해해 보는 것은 어떨까요?

② 당신은 요새 학업 스트레스에 힘들어하는 것 같아요. '곧 중학생이 될 텐데, 공부를 잘할 수 있을까?' 걱정이 되기도 하지요. 지금까지 해 온 것처럼 잘할 수 있을 테니 너무 걱정 말아요!

③ 미래에 대한 걱정을 가지고 있는 것 같네요. 꿈이 있으면 '내가 꿈을 이룰 수 있을까?', 꿈이 없다면 '나는 왜 꿈이 없을까?'라며 고민이 되기도 할 텐데요. 청소년기는 한창 미래가 고민될 시기랍니다. 조금씩 나아가다 보면 꼭 멋진 미래가 당신을 기다리고 있을 거예요.

④ 매일 반복되는 일상에 지루함을 느끼고 있을 확률이 높네요. 소소한 일상의 행복도 좋지만 가끔은 이곳에서 벗어나 신나게 놀고 싶을 때가 있지요. 매일 쳇바퀴 굴러가듯 똑같은 것 같아서 답답하다면 오늘은 한 번도 안 가 본 길로 집에 가거나 새로 나온 과자를 먹어 보며 작은 새로움을 즐겨 보세요.

🦉 주제 ❶ 어린이 보호 구역 내 교통사고를 줄이려면 어떻게 해야 할까?

120~125쪽

1 예 어린이 보호 구역 내 과속 단속 카메라, 과속 방지 턱, 신호등의 설치를 의무화하고, 어린이 보호 구역 내에서 부주의로 인해 어린이가 죽거나 다치는 사고를 일으킨 운전자는 처벌을 강화한다는 것이다. **2** 예 최근 4년간 어린이 보호 구역(스쿨 존)에서 1,961건의 사고가 발생하여 25명이 사망하고, 2,059명이 부상을 당했다. **3** 예 어린이 보호 구역 내에서 교통사고가 일어나지 않도록 방지함으로써 모든 어린이들을 안전하게 보호하기 위해서이다. **4** 예 어린이 보호 구역 내 과속 단속 카메라 확충, 구역별 속도 표지판 교체 등 교통안전 시설을 확충해야 한다. **5** 예 어린이 보호 구역 내 주·정차 금지, 어린이 보호 구역 내에서 시속 30km 이하 서행 운전, 횡단보도 앞에서 일시 정지 **6** 예 무단 횡단 하지 않기, 횡단보도에서 일단 멈추고 좌우 살피기, 길을 건널 때는 차가 멈췄는지 확인한 뒤에 손 들고 건너기 **7** 예 어린이 보호 구역 내에서 발생하는 어린이 교통사고를 줄일 수 있는 방법에 대하여 말하고 있다. **8** • 진우 / 과속을 하거나 불법으로 주·정차한 차량을 적극적으로 단속하고 처벌을

강화해야 한다. / 운전자가 좀 더 주의를 기울이고 안전 수칙도 잘 지키게 되기 때문이다. • 태영 / 신호등이나 과속 방지 턱 같은 교통안전 시설을 확충해야 한다. / 교통안전 시설은 운전자나 보행자 모두를 교통사고로부터 좀 더 안전하게 지켜 주기 때문이다. • 세윤 / 어린이 스스로 안전 수칙을 반드시 지켜야 한다. / 교통사고는 발생하기 전에 예방하는 것이 더 효과적이기 때문이다. **9** 예 어릴 때부터 어린이 교통사고 유형과 예방법에 대하여 철저히 교육해야 한다고 생각한다. 왜냐하면 교통안전 교육을 반복하여 학습하고 체험하다 보면 안전한 생활 습관이 저절로 길러지기 때문이다.

6 어린이 보호 구역 내 어린이 교통사고를 예방하기 위해서는 운전자뿐만 아니라 어린이와 어린이의 보호자 역시 안전 수칙을 반드시 지켜야 합니다.

9 어린이 보호 구역 내에서 발생하는 어린이 교통사고를 줄일 수 있는 방법과 그 까닭을 써 봅니다.

126~127쪽

🔵 주제에 맞게 글 쓰기

1 처음 부분에 들어갈 내용을 간단히 정리해 보세요.

> 예 최근 4년간 어린이 보호 구역에서 1,961건의 사고가 발생하여 25명이 사망하고 2,059명이 부상을 당했다.

2 가운데 부분에 들어갈 내용을 간단히 정리해 보세요.

> 예 어린이 보호 구역 내에서 발생하는 어린이 교통사고를 줄이기 위해서는 어릴 때부터 교통안전에 대한 체계적인 교육을 실시하는 것이 매우 중요하다.
> 어린이 보호 구역에서 실제 발생한 교통사고 사례를 통해 어린이에게 일어나기 쉬운 교통사고 유형과 그 예방법을 설명하고, 그것을 직접 체험할 수 있도록 해야 한다.
> 이와 같은 교통안전 교육을 반복적으로 학습하다 보면 안전한 생활 습관을 기를 수 있을 것이다.

3 끝부분에 들어갈 내용을 간단히 정리해 보세요.

> 예 더 이상 어린이 보호 구역 내에서 교통사고로 인해 소중한 생명을 잃거나 다치는 일이 없도록 하기 위해서는 교통안전 교육을 통해 안전한 생활 습관을 길러야 한다.

4 **1**~**3**에서 정리한 내용을 바탕으로 하여 글을 쓰세요.

> 예 제목: 교통안전에 대한 체계적 교육으로 어린이 보호 구역 내 교통사고를 예방하자
>
> 어린이 보호 구역에서 발생한 교통사고로 인해 해마다 많은 어린이가 목숨을 잃거나 부상을 당하고 있다. 도로 교통 공단이 발표한 자료에 의하면 최근 4년간 어린이 보호 구역에서 1,961건의 사고가 발생하여 25명이 사망하고 2,059명이 부상을 당했다. 이렇게 어린이 보호 구역 내에서 지속적으로 발생하는 교통사고를 줄일 수 있는 방법에는 무엇이 있을까?
> 어린이 보호 구역 내에서 발생하는 어린이 교통사고를 줄이기 위해서는 무엇보다 어릴 때부터 교통안전에 대한 체계적인 교육을 실시하는 것이 중요하다.
> 어린이 보호 구역에서 실제 발생한 교통사고 사례를 통해 어린이에게 일어나기 쉬운 교통사고 유형과 그 예방법을 설명해 주어야 한다. 또 '무단 횡단 하지 않기, 횡단보도에서 일단 멈추고 좌우 살피기, 길을 건널 때에는 차가 멈췄는지 확인한 뒤에 손 들고 걸어가기' 등의 구체적인 체험 활동을 통해 학습한 내용을 실천해 보는 것도 필요하다.
> 이와 같은 교통안전 교육을 어릴 때부터 학습하면 안전한 생활 습관을 기를 수 있어 어린이 보호 구역 내에서 발생하는 교통사고를 줄이는 것은 물론, 각종 교통사고를 미리 예방할 수 있는 효과도 거둘 수 있을 것이다.
> 더 이상 어린이 보호 구역 내에서 발생하는 교통사고로 인해 소중한 생명을 잃거나 다치는 일이 없도록 해야 한다. 그러기 위해서는 어릴 때부터 교통안전에 대한 교육을 체계적, 반복적으로 실시함으로써 안전한 생활 습관을 길러야 할 것이다.

주제 ❷ 동물원에서 살고 있는 동물들은 행복할까?

1 예 40도가 넘는 더위에도 비좁은 우리 안에 갇힌 채 사슬에 묶여 있기 일쑤였고, 암컷 코끼리를 잃은 뒤에는 정신병으로 인해 이상 증상을 보이기까지 했다. **2** 예 카아반에게 자유를 주고 카아반을 야생으로 보내 건강하게 지낼 수 있게 해 달라는 캠페인을 벌였을 것이다. **3** 예 최소한의 먹이만을 먹은 채 조련사의 모진 매질에 시달리며 온갖 훈련을 견디었다. **4** 예 이빨은 대부분 부러져 있었고 발톱도 빠진 상태였다. 극심한 스트레스로 온몸의 털도 모두 빠져 버려서 맨살을 드러내고 있었다. **5** 예 ○○동물원에서 살고 있는 재규어, 갈색꼬리감기원숭이, 무플론이 잇따라 새끼를 출산하였다. **6** 예 ○○동물원의 생태 환경이 어미가 새끼를 낳아 기르기에 알맞고, 사육 기술의 향상과 더불어 사육사들의 정성과 노력이 더해졌기 때문일 것이다. **7** 예 급격한 인구 증가로 인해 동물의 서식지가 택지나 경작지로 바뀌고 있기 때문이다. **8** 예 멸종 위기 종을 보호하고 멸종된 동물을 번식시켜 복원하여 멸종을 막는다. / 야생에서 사는 동물보다 오래 생존할 수 있게 돕기도 한다. **9** 예 동물원에서 살고 있는 동물들은 행복할지에 대하여 의견을 나누고

있다. **10** •수진 / 동물원보다는 야생에서 자유롭게 사는 동물이 행복하다. / 동물들의 고향은 인간이 만든 동물원이 아니라 자연이기 때문이다. •성욱 / 위험한 야생에서 사는 것보다 동물원에서 사는 것이 행복하다. / 위험한 일이 별로 없고 전문 지식을 갖춘 사육사들이 정성껏 보살펴 주기 때문이다. •정민 / 동물들은 야생에서 살아야 행복하다. / 사람들의 구경거리가 되어 각종 스트레스와 우울증에 시달리는 동물들이 가엾고 불행해 보이기 때문이다. **11** 예 나는 동물원에 사는 동물들이 행복하다고 생각한다. 왜냐하면 요즘에는 야생과 비슷한 자연 친화적인 동물원도 많이 있고, 사육사들이 개별적인 동물의 특성이나 습성에 맞게 세심하게 동물을 돌보아 주기 때문이다.

2 오랜 세월 동안 정신적 고통을 겪어 온 코끼리를 자연의 품으로 돌아가게 해 달라는 캠페인을 벌였을 것입니다.

6 좋은 생태 환경과 사육 기술의 향상 등의 원인 때문입니다.

11 동물의 입장에서 동물원에서 살 때의 좋은 점과 좋지 않은 점을 비교하여 생각해 봅니다.

주제에 맞게 글 쓰기

1 처음 부분에 들어갈 내용을 간단히 정리해 보세요.

예 급격한 인구 증가로 인해 생태 환경이 변화하였고, 동물들이 야생에서 자유롭게 살아갈 수 있는 서식지도 줄어들었다. 그 결과 많은 동물들이 멸종 위기에 처해 있고, 이미 멸종해 버린 동물도 많다. 반면, 좋은 환경의 동물원에서 잘 지내는 동물들도 있다.

2 가운데 부분에 들어갈 내용을 간단히 정리해 보세요.

예 나는 동물들이 야생에서 힘겹게 사는 것보다는 동물원에서 사는 것이 행복하다고 생각한다. 동물원은 생존을 위해 죽음을 각오하거나 다른 무리들과 싸우는 경우가 거의 없어서 안식처가 된다. 또 야생과 비슷한 환경을 잘 갖춘 생태 환경에서 전문 지식을 갖춘 사육사들의 보살핌을 받으며 살게 되면 종족을 번식하기에도 안전하다. 그리고 꾸준한 진료와 검사 등으로 건강을 관리할 수 있어 각종 질병에도 쉽게 걸리지 않고, 야생에서 살 때보다 수명도 늘어날 수 있다.

3 끝부분에 들어갈 내용을 간단히 정리해 보세요.

예 동물들은 편안하고 삶에 어떤 방해나 위협을 받지 않을 때 행복하다고 느낄 것이다. 따라서 생존의 위협을 받지 않고 보살핌 속에서 지낼 수 있는 동물원에서의 동물은 행복할 것이다. 동물들이 잘 지낼 수 있게 자연과 비슷한 환경과 최대한의 자유를 보장해 주는 것이 우리 인간이 해야 할 일이라고 생각한다.

4 **1**~**3**에서 정리한 내용을 바탕으로 하여 글을 쓰세요.

예 제목: 동물원에서 사는 동물들은 행복하다

급격한 인구 증가로 인해 생태 환경이 변화하였고, 동물들이 야생에서 자유롭게 살아갈 수 있는 서식지도 줄어들었다. 그 결과 많은 동물들이 멸종 위기에 처해 있고, 이미 멸종해 버린 동물도 많다. 반면, 좋은 환경의 동물원에서 잘 지내는 동물들도 있다. 야생이 아닌 동물원에서 살고 있는 동물들이 행복한 것일까?

나는 동물들이 야생에서 힘겹게 사는 것보다는 동물원에서 사는 것이 더 행복하다고 생각한다.

첫째, 동물원은 생존을 위해 죽음을 각오하거나 다른 무리들과 싸우는 경우가 거의 없어서 안식처가 된다. 자연보다 자유는 제한되지만 무리 모두 편안하게 생활할 수 있다.

둘째, 야생과 비슷한 생태 환경을 갖춘 동물원에서 전문 지식을 갖춘 사육사들의 보살핌을 받으며 살게 되면 동물들은 종족을 번식하기에도 안전하다.

셋째, 꾸준한 진료와 검사 등으로 건강을 관리할 수 있어 각종 질병에도 쉽게 걸리지 않고, 야생에서 살 때보다 수명도 늘어날 수 있다.

편안하고 삶에 어떤 방해나 위협을 받지 않을 때 동물들은 행복하다고 느낄 것이다. 따라서 생존의 위협을 받지 않고 보살핌 속에서 지낼 수 있는 동물원에서의 동물은 행복할 것이다. 동물원에서 지내는 동물들이 행복하게 지낼 수 있도록 자연과 비슷한 환경과 최대한의 자유를 보장해 주는 것이 우리 인간이 해야 할 일이라고 생각한다.

독 서 노 트

내가 읽은 책은?

읽은 날짜   월   일

책 제목	크리스마스 선물
글쓴이	오 헨리

1 이 글을 읽고 기억에 남는 장면과 그 까닭을 쓰세요.

✓ 기억에 남는 장면

[예] 짐이 델러의 짧은 머리카락을 보고 넋 나간 사람처럼 뚫어지게 바라보는 장면

✓ 그 까닭

[예] 자신의 소중한 시계를 팔아 머리빗을 사 왔는데, 델러가 머리카락을 자른 사실을 알고 너무나 놀라고 당황한 짐의 마음이 잘 느껴졌기 때문이다.

2 이 글을 읽고 어떤 생각이나 느낌이 들었는지 쓰세요.

[예] 자신의 가장 소중한 것을 기꺼이 팔아 상대방을 기쁘게 해 줄 선물을 마련한 짐과 델러의 진정한 사랑에 깊은 감동을 받았다. / 평소에 갖고 싶어 하던 것을 서로에게 크리스마스 선물로 받는데 당장은 쓸모가 없어져서 안타깝고 속상했다.

만족도 ·재미· ·지식· ·감동· 총 평점
★★★★★ ★★★★★ ★★★★★ ★★★★★

※ 가이드북 16쪽에 있는 예시 답안을 확인하세요.

내가 읽은 책은?

읽은 날짜   월   일

책 제목	아는 것과 실천하는 것 / 한 배에 탄 사람들
글쓴이	

1 이 글을 읽고 기억에 남는 내용과 그 까닭을 쓰세요.

✓ 기억에 남는 내용

[예] 타이태닉호가 기울어져 가는데도 승객들을 안정시키기 위해서 악사들이 열심히 음악을 연주하고 기관사들은 기관실을 지키는 등 최후의 순간까지 각자 맡은 일을 충실히 했다는 내용

✓ 그 까닭

[예] 곧 침몰하는 배 안에서 목숨을 잃을 것을 알면서도 최후의 순간까지 자신이 맡은 몫의 일을 충실히 해내려는 모습에서 감동을 받았기 때문이다.

2 이 글을 읽고 어떤 생각이나 느낌이 들었는지 쓰세요.

[예] 무엇이 옳은 일인지를 아는 것도 쉽지 않지만, 옳은 일을 실천하는 것은 그보다 몇 배나 더 힘들다는 생각이 들었다. / 우리 주변에서 옳은 일을 하다가 자신을 희생한 사람들을 떠올리니 미안하면서도 고마운 마음이 들었다. / 나도 무엇이 옳은 일인지를 열심히 배우고, 옳은 일을 실천하기 위해 노력하는 삶을 살아야겠다.

만족도 ·재미· ·지식· ·감동· 총 평점
★★★★★ ★★★★★ ★★★★★ ★★★★★

※ 가이드북 16쪽에 있는 예시 답안을 확인하세요.

내가 읽은 책은?

읽은 날짜   월   일

책 제목	사람을 대할 때	친구를 사귀는 법
글쓴이	이율곡	유길준

1 이 글을 읽고 기억에 남는 내용과 그 까닭을 쓰세요.

✓ 기억에 남는 내용

[예] 서양 사람들은 형제나 자식 사이라도 하는 일 없이 놀고만 있으면 재물을 한 푼도 주지 않으며, 남에게 재물을 빌린 것이 있으면 도리어 화를 낸다고 한 내용

✓ 그 까닭

[예] 형제나 자식과 같이 가까운 사이라면 정에 끌려 도움을 주는 것이 일반적인데, 이처럼 더 큰 뜻을 생각해 엄격하고 냉정하게 대하는 것이 옳다고 느껴졌기 때문이다.

2 이 글을 읽고 어떤 생각이나 느낌이 들었는지 쓰세요.

[예] 우리 조상들의 가르침에 따라 사람을 대할 때 항상 나를 낮추고 겸손한 태도를 지녀야겠다. / 친구와 게임 얘기만 할 것이 아니고, 공부나 읽은 책에 대한 얘기도 나누며 서로에게 도움을 주는 친구 관계가 되어야겠다. / 가까운 친구일수록 신뢰를 줄 수 있게 행동하고 예의를 갖춰 대해야겠다.

만족도 ·재미· ·지식· ·감동· 총 평점
★★★★★ ★★★★★ ★★★★★ ★★★★★

※ 가이드북 16쪽에 있는 예시 답안을 확인하세요.

내가 읽은 책은?

읽은 날짜   월   일

책 제목	하늘에서 내려온 아이 / 선아가 겪은 일
글쓴이	

1 이 글을 읽고 기억에 남는 장면과 그 까닭을 쓰세요.

✓ 기억에 남는 장면

[예] 선아가 뒷동산 양지바른 곳에 죽은 강아지를 묻어 주며 눈물을 흘리는 장면

✓ 그 까닭

[예] 어미 개의 젖을 빨지도 못하고 시름시름 앓다가 죽은 강아지가 너무 불쌍했고, 강아지를 잃은 선아의 슬픔이 느껴졌기 때문이다.

2 이 글을 읽고 어떤 생각이나 느낌이 들었는지 쓰세요.

[예] 우리 집에서 기르는 강아지 뽀삐가 건강하게 자랄 수 있도록 정성껏 돌보아 주어야겠다. / 선아네 가족처럼 귀여운 강아지를 기르고 싶다. / 강아지는 아파도 말을 할 수 없으니까 내가 좀 더 관심을 가지고 우리 집 강아지를 잘 보살펴야겠다.

만족도 ·재미· ·지식· ·감동· 총 평점
★★★★★ ★★★★★ ★★★★★ ★★★★★

※ 가이드북 16쪽에 있는 예시 답안을 확인하세요.